Birgit Kienzle-Müller | Gitta Wilke-Kaltenbach

Schau, was ich schon kann!

Vorwort 5

ZARTE BANDE 6
Erstes Kennenlernen 8
Mit wachen Sinnen 14
Zur Mitte finden 18

MEILENSTEIN 1 BLICKKONTAKT 24
»Schau' mich an!« 26
So unterstützen Sie Ihr Baby am besten 28

MEILENSTEIN 2 ERSTES LÄCHELN 32
»Ich hab' dich lieb.« 34
So unterstützen Sie Ihr Baby am besten 36

MEILENSTEIN 3 KOPFKONTROLLE 40
»Hier bin ich!« 42
So unterstützen Sie Ihr Baby am besten 44

MEILENSTEIN 4 UNTERARMSTÜTZ 48
»Hallo Welt!« 50
So unterstützen Sie Ihr Baby am besten 54

MEILENSTEIN 5 ERSTES GREIFEN 60
Der Forscherdrang wächst 62
So unterstützen Sie Ihr Baby am besten 64

MEILENSTEIN 6 GREIFEN AUS DER MITTE 68
Immer mit dabei 70
So unterstützen Sie Ihr Baby am besten 72

INHALT

MEILENSTEIN 7 HANDSTÜTZ 76
Ein echter Entdecker 78
So unterstützen Sie Ihr Baby am besten 82

MEILENSTEIN 8 ROBBEN 86
»Ich kann schon ganz viel bewegen!« 88
So unterstützen Sie Ihr Baby am besten 90

MEILENSTEIN 9 SITZEN 94
Alles im Lot 96
So unterstützen Sie Ihr Baby am besten 98

MEILENSTEIN 10 KRABBELN 102
Endlich mobil! 104
So unterstützen Sie Ihr Baby am besten 106

MEILENSTEIN 11 HOCHZIEHEN 110
»So groß bin ich!« 112
So unterstützen Sie Ihr Baby am besten 114

MEILENSTEIN 12 FREIER STAND 118
»Auf zur Küstenschifffahrt!« 120
So unterstützen Sie Ihr Baby am besten 122

MEILENSTEIN 13 ERSTER SCHRITT 128
Gut zu Fuß 130
So unterstützen Sie Ihr Baby am besten 132
Wie es weitergeht 138

ZUM NACHSCHLAGEN 140

VORWORT

Ihr Baby ist da!

Lang ersehnt und unvergesslich: Der Moment, in dem Ihnen die Hebamme oder der Geburtshelfer Ihr Baby in den Arm oder auf den Bauch legten, gräbt sich tief in die Erinnerung ein. Und dann der erste Blick in das kleine Gesicht, das man sich bis dato nur vorstellen durfte. In Augen, die erstaunt und doch wissend in diese Welt blicken. Noch scheint Ihr kleiner Neuankömmling nicht ganz hier zu sein, und doch wird mit diesem ersten Blick ein Band geknüpft, das ein Leben lang halten wird – egal, welche Stürme es im Lauf seiner Entwicklung und Reifung heimsuchen werden: das Band zwischen Mutter, Vater und Kind.

Nach den Anstrengungen der Geburt sind Sie erleichtert und glücklich darüber, Ihr Neugeborenes zu sehen und es zu berühren. Das erste Mal gespürt haben Sie Ihr Kleines wahrscheinlich ab Ihrem vierten oder fünften Schwangerschaftsmonat – wenn Sie schon vorher Mutter waren, vielleicht noch etwas früher. Schon im Mutterleib turnte es in seiner Fruchtblase, ruderte, strampelte und drehte sich – bis ihm der Platz im letzten Schwangerschaftsdrittel langsam knapp wurde. Das Üben für die Zeit nach der Geburt begann tatsächlich schon sehr früh, hat Sie zu Beginn wahrscheinlich amüsiert und gegen Ende Ihrer Schwangerschaft so manche Stunde Schlaf gekostet. Trotzdem wird Ihr Baby erst nach seiner Geburt richtig loslegen: Nie wieder wird eine Entwicklungsphase in seinem Leben so rasant und intensiv verlaufen wie die seines ersten Babyjahres.

Kurz nach der Geburt erlebt es als erstes den Verlust seines warmen, abgedunkelten Schutzraums, den es so lange als schwereloses Wesen im Fruchtwasser bewohnen durfte. Im Moment der Geburt landet Ihr Baby im Hier und Jetzt, ohne selbst schon ein Gefühl dafür zu haben. Stattdessen spürt es, dass es hier draußen kühler, sehr viel heller und lauter ist – und es muss alleine atmen, wird nicht mehr über die Nabelschnur mit allem Lebensnotwendigen versorgt und nicht mehr vom Fruchtwasser gewärmt.

Als erstes eindrückliches Erlebnis nach seiner (und Ihrer!) großartigen Geburtsleistung nimmt Ihr Neugeborenes Ihren Geruch wahr, denn sehen kann es in den ersten Tagen und Wochen noch nicht so gut. An Ihrem unverwechselbaren Mama-Duft erkennt Ihr Kind Sie dann schon nach kurzer Zeit. Er schenkt ihm in der ersten Zeit auf dieser Welt ein Gefühl von Geborgenheit, das durch die vertrauten Geräusche Ihrer Stimme und Ihres Herzschlags beim Tragen, Stillen oder Füttern noch verstärkt wird.

Nun beginnt die große Zeit des Wachsens und Werdens. Tag für Tag wird Ihr Baby Sie überraschen, und Schritt für Schritt wird es ganz bestimmte Meilensteine seiner Entwicklung passieren. Bewegende Momente, in denen Sie ganz besonders auf Ihr Kleines eingehen und es liebevoll unterstützen können. Bedenken Sie dabei immer, dass jedes Kind – genauso wie jeder Erwachsene – sein eigenes Tempo hat. Das eine Kind kann manche Dinge früher, das andere später. Freuen Sie sich deshalb einfach über seine Fähigkeiten und Fortschritte und dass Sie es in die Welt begleiten dürfen!

Ihre B. Kienzle-Müller
GU Kaltenbach

ZARTE BANDE

Die Geburtsarbeit liegt hinter Ihnen und Sie bestaunen dieses kleine Wunder, das in – normalerweise – gut vierzig Wochen in Ihrem Bauch herangewachsen ist. Perfekt sieht Ihr Neugeborenes aus – und doch, es wird noch lange seine Mama und seinen Papa brauchen, um sich gesund zu entwickeln. Etwa ein Jahr beträgt die eigentliche Reifezeit eines Babys: In dieser Zeit bilden sich seine Sinne aus, sein Gehirn reift, es beginnt Kontakt aufzunehmen und zu kommunizieren. Es lernt sich aufzurichten, zu stehen und vielleicht sogar schon zu gehen.

ZARTE BANDE

Erstes Kennenlernen

Jetzt beginnt die spannende Zeit des Kennenlernens. Ihr Baby stellt den Alltag völlig auf den Kopf, alles ist anders als zuvor. Vor allem ein Erstgeborenes ist eine echte Herausforderung, schließlich macht es aus Frau und Mann Mama und Papa. Genießen Sie diese Zeit der großen Überraschungen und vielen Fragen als Eintritt in eine neue, positive Lebensphase und üben Sie in aller Ruhe, die »Sprache« Ihres Babys zu verstehen. Ihr Baby selbst hilft Ihnen dabei, so gut es kann!

IHRE LIEBE ZU IHREM NEUGEBORENEN UND IHRE Bindung (engl.: bonding) wird sich in den nächsten Wochen noch vertiefen. Das ist vor allem für Mütter tröstlich, die die Geburt als sehr schwierig empfanden, bei denen ein operativer Eingriff nötig war, das Baby intensiv medizinisch betreut werden musste – oder die aus anderen Gründen nach der Geburt nicht glücklich, sondern stattdessen traurig und enttäuscht waren. Manchmal stehen sich Neu-Mamas auch mit ihren Ansprüchen an eine »perfekte« Geburt selbst im Weg. Dabei ist jede Geburt ein ganz natürlicher Prozess und verläuft bei jedem Kind anders. Tatsächlich überfällt der sogenannte »Baby-Blues« jede zweite Frau im Wochenbett. Der Grund: Die Hormone fahren nach der Geburt Achterbahn. Oft brauchen Mutter und Kind ein paar Tage Zweisamkeit ohne zu viel Trubel und Baby-Besuche. Ein verständnisvoller Partner und eine zuverlässige Hebamme sind jetzt die besten Helfer, bis sich Ihre Familiensituation eingespielt hat.

Bonding – der Beginn einer großen Liebe

Bonding nennen Fachleute die Phase der intensiven Gefühls- und Bindungsentwicklung zwischen den Eltern und ihrem Baby. Diese starke und unbeirrbare Liebe zu dem eigenen Kind erwartet keine Gegenleistung und dauert ein Leben lang. Sie entspricht dem »inneren Versprechen«, das Baby mit steter Fürsorge zu umgeben und es im Zweifelsfall wie eine Wölfin vor jeglicher Unbill zu schützen.
Manche Mütter erleben dies schon kurz nach der Geburt, bei anderen dauert es eine Weile. Galt früher als entscheidend für die Bindungsqualität, wie intensiv der Kontakt zum Neugeborenen ist, so weiß man heute, dass das Bonding auch nach längerer Zeit funktioniert. Bei Babys beispielsweise, die aus medizinischen Gründen kurz nach der Geburt von ihrer Mutter getrennt wurden, oder auch bei adoptierten Babys kann das Bonding länger dauern oder später einsetzen, entwickelt sich aber auch zu einer bedingungslosen Liebe.

Hier hat die Natur vorgesorgt: Jedes Baby braucht täglich viel Zuwendung, es will gefüttert, gestillt, gewickelt und getragen werden. Dieses biologische Programm der mütterlichen Fürsorge steckt tief in unseren Genen. Mütter, bei denen sich diese auch nach den ersten Wochen nicht einstellt oder die noch längere Zeit nach der Geburt ihre Traurigkeit nicht überwinden können, sollten das Gespräch mit ihrer Hebamme oder Ihrer Frauenärztin suchen, um sich zu entlasten.
Bedenken Sie auf jeden Fall, dass die »Liebe auf den ersten Blick« nur eine Spielart der Liebe und nur eine Möglichkeit der Begegnung mit Ihrem Baby ist. Der weitere Verlauf seiner (früh-)kindlichen Entwicklung ist davon völlig unabhängig, wie Erfahrungen mit adoptierten Babys zeigen.

Zeit der Nähe

Die erste Zeit mit einem Baby ist eine in jeder Hinsicht umwälzende Phase, vor allem, wenn es das erste Kind ist. Der Alltag ist komplett auf den Kopf gestellt, der Tag- und Nacht-Rhythmus außer Kraft gesetzt. Der kleine Neuankömmling beansprucht jetzt – sofern Sie sich fürs Stillen entschieden haben – vor allem seine Mama vierundzwanzig Stunden am Tag für sich. Am besten ist es, Papa hilft und stützt, wo er kann. Aus einem Paar werden so bei einem Erstgeborenen über Nacht Eltern: Ein Beruf, den kein Mensch an keinem Ort der Welt erlernen kann und der eine echte Erfahrungswissenschaft darstellt. Deshalb ist der Prozess des Elternwerdens einer des langsamen Hineinwachsens und des Überprüfens eigener erlebter Erziehungsmuster. Damit stellt diese Phase, die viele Jahre in Anspruch nehmen wird, für Frau und Mann eine große Entwicklungs- und Reifechance dar. Haben Sie deshalb immer Geduld mit sich und schrauben Sie Ihre Ansprüche auf ein erreichbares Maß herunter. Achten Sie auch gut auf sich. Nur zufriedene Eltern sind gute Eltern. In der nächsten Zeit werden Sie dann nach und nach lernen, die »Sprache« Ihres Kindes zu verstehen, und Sie werden dabei immer sicherer und vor allem gelassener werden.

In Ruhe ankommen

Das Baby hilft Ihnen dabei, so gut es kann. Und Ihr angeborener Mutterinstinkt sorgt dafür, dass Sie Ihr Kleines schützen, tragen und lieben. Ihre Intuition gibt Ihnen ein, wann Ihr Baby getröstet, gehalten oder eben unterhalten werden möchte. Denn nichts ist so unwiderstehlich wie ein Neugeborenes. Gönnen Sie sich und Ihrem Baby in der ersten Zeit so viel Ruhe und Geborgenheit wie nur möglich. Das entspricht seinen naturgegebenen Bedürfnissen.
Ein weiterer Trick der Natur, die Bindung zu den Menschen, die es lieben, zu festigen, ist die Entwicklung des Kindes selbst. Aus biologischer Sicht geht es dabei natürlich in erster Linie darum, dass das kleine hilfsbedürftige Geschöpf im Lauf der nächsten Monate und Jahre zu einer eigenständigen Persönlichkeit heranwachsen kann. Doch mit jedem erreichten Meilenstein – vom ersten Blickkontakt über das erste Lächeln bis hin zum ersten Schritt – wird das Band der Zuneigung zwischen Ihnen und Ihrem Kind inniger.

Vertrauen wachsen lassen

Jedes Baby ist anders und bringt bereits seinen individuellen Charakter – seine Persönlichkeit – mit auf diese Welt. Nehmen Sie sich in den ersten Wochen deshalb die Zeit, Ihr Kind in aller Ruhe kennenzulernen und genießen Sie die Nähe zu ihm. Je liebevoller und entspannter Sie sich dem kleinen Neuankömmling widmen können, desto besser.
Ihr Baby muss sich zunächst an die oftmals zu laute, helle Welt gewöhnen. Der Verdauungstrakt ist oft noch nicht ausgereift und sorgt für Unwohlsein und Bauchweh. Insbesondere Kaiserschnittkinder, Babys, die mit Saugglocke oder Zange entbunden wurden sowie Frühchen profitieren sehr von einem intensiven Körperkontakt zu ihren Eltern. Verwöhnen Sie Ihr Baby und lassen Sie das gegenseitige Vertrauen wachsen. Verlässlichkeit ist jetzt das Wichtigste.
Sie sind nicht nur der Mensch, den Ihr Baby am meisten braucht. Durch Sie erfährt es auch erstmals und eindringlich,

Auf dem Weg in die Welt

Die Entwicklung vom Embryo bis zum Säugling ist in jeder Hinsicht ein bedeutender Lebensabschnitt des kleinen Neugeborenen. Bedenken Sie, dass Ihr Baby aus einer Welt kommt, in der die Schwerkraft noch nicht wirksam war. Erst nach seiner Geburt ist es erstmalig mit dieser Kraft konfrontiert, muss sich mit ihr auseinandersetzen und sich an sie anpassen. Zugleich ist seine Haut gefordert, völlig neue Reize zu verarbeiten. Licht, Luft und Geräusche wirken unvermittelt auf das Baby ein. Ihr Kind ist der Welt im wahrsten Sinn des Wortes ausgesetzt. Zur gleichen Zeit setzt seine Atmung ein, sein Kreislaufsystem nimmt erstmals seine eigenständige Arbeit auf und die Temperaturregelung muss nun ebenfalls selbst gesteuert werden. Welche Höchstleistungen – und das gleich nach dem für Sie und Ihr Baby so anstrengenden Geburtserlebnis!

So viel Neues: Noch ist Ihr Baby nicht ganz hier angekommen. Jetzt hilft viel Zuwendung, um eine tiefe Bindung zu schaffen.

ob es geliebt und wertgeschätzt wird und ob es in dieser Welt willkommen ist. Insbesondere die Liebe und Zuwendung, die Sie Ihrem Kind in seinen ersten Lebenswochen und -monaten schenken, prägen es in hohem Maße. Das sogenannte Urvertrauen entsteht. Dieses macht Ihr Baby stark für das Leben und seine Anforderungen. Denn die Grundlage für eine selbstbewusste Persönlichkeit und stabile Bindungen als Kind und Erwachsener wird zum Großteil in den ersten Lebensmonaten und -jahren gelegt. Psychologen und Hirnforscher bestätigen, dass sich Babys und Kinder mit einer zuverlässigen, liebevollen Beziehung zu ihren Eltern später besser in der Welt zurechtfinden und sich selbst ebenfalls als beziehungsfähig zu anderen Menschen erleben.

Bonding und Urvertrauen lassen sich liebevoll verstärken. Geben Sie dazu sich, dem frischgebackenen Papa und Ihrem Baby alle Zeit der Welt. Je geborgener und sicherer sich Ihr Baby jetzt fühlen darf, desto inniger gestaltet sich die Verbindung zwischen Ihnen und Ihrem Kind.

Nicht ohne meine Mama

Schenken Sie Ihrem Baby von Anfang an viel Wärme und Liebe und lassen Sie sich auf die Bedürfnisse Ihres Kleinen ein. Ein Baby kann in den ersten sechs Monaten gar nicht genug verwöhnt werden. Ganz im Gegenteil: Ein Kind, das lernt, dass Mama und Papa wirklich da sind, wenn es sie braucht, entwickelt sich zu einem zufriedenen Menschen. Das bedeutet nun keinesfalls, dass Sie sich völlig verausgaben sollten. Achten auch Sie gut auf sich, halten Sie so viele Ruhepausen ein, wie möglich. Das ist wichtig, denn es wird eine ganze Weile dauern, bis Ihr Baby einen Schlafrhythmus gefunden hat, der mit Ihrem übereinstimmt. Je ausgeruhter und entspannter Sie sind, desto leichter wird es Ihnen fallen, geduldig und ange-

Ein Geschenk: Geborgenheit

› Geben Sie Ihrem Kind die Möglichkeit, *langsam in dieser Welt anzukommen* und erhalten Sie ihm gerade in der ersten Zeit ein Stück der *vorgeburtlichen Geborgenheit* im Mutterleib. Nähern Sie sich Ihrem Kleinen deshalb möglichst leise und behutsam – meist geschieht dies intuitiv. Streicheln Sie es sanft und sprechen Sie beruhigend mit ihm, bevor Sie es beispielsweise aus dem Bettchen heben. Lernen Sie von Ihrem Baby, einen Schritt von der gewohnten Hektik zurückzutreten und jede Begegnung mit ihm achtsam zu gestalten.

› *Körpergrenzen* tun gut und geben *Geborgenheit:* Ein leichtes *Baumwollmützchen,* das es auch im Haus oder in der Wohnung trägt, schützt in den ersten beiden Lebensmonaten das *empfindliche Köpfchen Ihres Babys* sowie sein empfindliches *Nervensystem* und es spürt so seine Körpergrenzen.

› Auch tagsüber – wenn es wach ist – genießt Ihr Baby eine Begrenzung, damit es sich sicher und geborgen fühlt. Zu diesem Zweck gibt es spezielle *Nestchen,* die Sie im Babybedarf bekommen. Sie können aber auch aus weichen Tüchern Rollen formen und diese um Ihr Baby legen. Diese Umhüllung ist insofern von Bedeutung, als sie Ihr Baby so aus dem Mutterleib kennt. Aus diesem Grund ist auch das »*Pucken*« (siehe Seite 12) oder das *Tragen im Tragetuch* (siehe Seite 13) so empfehlenswert. Es spiegelt Ihrem Baby ein vertrautes Gefühl.

› Mit einem *Lammfell* in der Wiege oder dem Bettchen sowie auf der Krabbeldecke schaffen Sie besonders intensive *Kuschelerlebnisse.* Da das Fellchen nach einiger Zeit den Geruch Ihres Babys annimmt, fühlt sich Ihr Kleines auf seiner »*Beruhigungsunterlage*« besonders wohl.

messen auf ein schreiendes oder weinendes Baby zu reagieren. Mit der Zeit werden Sie lernen, das Schreien Ihres Babys richtig zu deuten und die Ursache seines Unwohlseins zu finden (siehe auch Seite 22).

Am besten versuchen sich beide Eltern, das Trösten und liebevolle Zuwenden in den ersten Monaten zu teilen, bis sie Experten für den Gefühlsausdruck ihres Kindes sind. Je besser dies gelingt, desto entspannter ist die Atmosphäre, in der sich Ihr Baby entwickelt. Hilfreich ist auf jeden Fall ein regelmäßiger Tagesablauf, in dem das Stillen, Mahlzeiten, Schlafenszeiten, Spielen und Spazierengehen ihren festen Platz haben.

Träum' süß: Noch verschläft Ihr Baby die meiste Zeit des Tages und das am liebsten im Beisein von Mama oder Papa.

Das tut Ihrem Baby jetzt besonders gut

Schaukeln, Gerüche und liebevolle Berührungen regen die Sinne Ihres Babys an. Schon im Mutterleib lernt das Ungeborene diese Reize kennen. Es spürt das Schaukeln, wenn die Mutter tagsüber aktiv ist und sich bewegt, und es nimmt das sanfte Streicheln über den Bauch wahr. Ist das Baby dann erst einmal auf die Welt gekommen, können Sie diese Grundreize durch ein gutes Handling, durch Tragen, Baden und Kuscheln vertiefen. Handling bedeutet, dass Sie mit Ihrem Baby in jedem Moment sicher umgehen. Je besser Ihnen das gelingt, desto mehr fördern Sie die natürliche Entwicklung Ihres Kindes und sein Interesse an allem, was es umgibt. Auch sein Gefühl für die eigenen Bewegungen und sein eigenes Körperbild prägen sich so besser aus.

Ideal zum Kuscheln: Pucken

»Pucken« – eine Wickeltragetechnik, die auch bei vielen Naturvölkern verbreitet ist – wird häufig bei Frühchen angewandt, um ihnen das Gefühl der Geborgenheit im Mutterleib zurückzugeben. Auch Schrei- oder Weinattacken lassen sich so unter Umständen verkürzen. Aber auch termingerecht geborene Babys, denen gerade nicht nach Schreien zumute ist, schätzen diese Haltemethode. Legen Sie Ihr nicht zu warm angezogenes Baby dazu auf ein Pucktuch (oder Moltontuch) und hüllen Sie es leicht ein. Beine und Arme sind dabei in Beugehaltung, die Händchen liegen nah am Gesicht des Babys. So können Sie Ihr Kleines aufnehmen, am Rücken stützen und an Ihren Oberkörper lehnen. Sie können es eine Weile herumtragen oder auch gepuckt auf seine Decke legen: immer auf den Rücken und unter Aufsicht, damit Ihr Kind nicht überwärmt. Wie lange Sie Ihr Kind am Tag pucken, ist von seinen Vorlieben abhängig: Es zeigt deutlich, wann es die wohlige Hülle genießt und wann es lieber strampeln möchte. Gepuckt wird in der Regel bis zum sechsten Monat.

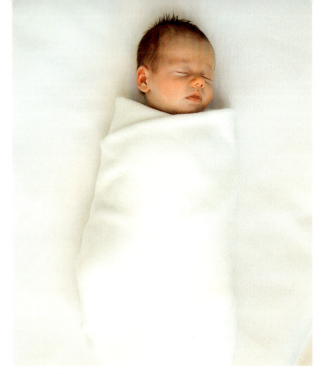

Schenkt Halt: Kuschelig mögen es Babys gern, schließlich waren sie 40 Wochen lang nichts anderes gewöhnt.

Sicher schlafen

Damit Ihr Baby sicher schläft, ist eine Wiege, ein Stubenwagen oder ein höhenverstellbares Kinderbett – möglichst im Zimmer der Eltern – ideal. Aufgrund der Empfehlung der World Health Organization (WHO) sollen die Kinder zum Schlafen grundsätzlich auf dem Rücken liegen, um die Wahrscheinlichkeit des plötzlichen Kindstodes zu verringern. Decken Sie Ihr Kind mit einer nicht zu dicken Decke zu und ziehen Sie es nicht zu warm an, es darf nicht überwärmen. Unruhige Kinder, die sich die Decke über das Köpfchen ziehen könnten, schlafen sicherer in einem Schlafsack. Achten Sie auch darauf, dass das Bett frei von Kissen und Kuscheltieren ist. Die Gitterstäbe können sie abpolstern, damit sich das Baby beim Bewegen nicht stößt, außerdem erfährt so sein Blick eine beruhigende Begrenzung.

Wohlfühlmassage für Ihr Baby

› Gerade in seiner ersten Zeit auf der Welt ist ein inniger Körperkontakt zwischen dem Baby und seinen Eltern sehr wichtig. Gönnen Sie Ihrem Kleinen deshalb einmal täglich eine besondere Streicheleinheit. Sobald der Nabel verheilt ist, können Sie mit der Babymassage beginnen.

› Setzen Sie sich dazu in einem angenehm temperierten Raum auf den Boden und legen Sie über Ihre ausgestreckten Oberschenkel ein weiches Frotteehandtuch oder ein Lammfell. Darauf legen Sie Ihr nacktes Baby. Erwärmen Sie nun durch Reiben etwas Massageöl (Reformhaus oder Apotheke) und umrahmen Sie mit beiden Handflächen sanft das Gesicht Ihres Kindes.

› Streicheln Sie zart mit Ihren Fingern von innen nach außen über Stirn, Wangen und Kinn. Dann fahren Sie behutsam mit der flachen Hand diagonal von der einen Schulter bis zur Hüfte des Babys. Halten Sie dabei immer Blickkontakt mit Ihrem Kind. Dann wechseln Sie die Schulter und streichen die andere Seite diagonal aus. Wiederholen Sie die Streichung auf jeder Seite vier bis acht Mal.

› Massieren Sie dann die Arme und Beine immer von außen zur Körpermitte hin. Halten Sie zum Schluss kurz die Händchen und Füßchen fest.

Auf Tuchfühlung gehen

Anregend für Ihr Baby ist das Liegen in einem aufgehängten Tuch. Nähen Sie Bänder an die vier Ecken eines Moltontuchs und hängen Sie es an den Gitterstäben des Bettchens über der Matratze auf. Jetzt können Sie Ihr Baby in die »Hängematte« legen. Das ist entspannend, wenn Ihr Baby seine Ruhe sucht, aber auch anregend, wenn es sich bewegen möchte. Das Tuch bietet dann Widerstand und trainiert so die Muskeln.

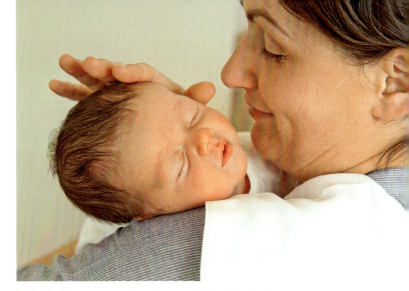

Ganz zart: Streicheln und liebevolles Berühren machen Ihr Baby glücklich und wirken sich positiv auf seine Entwicklung aus.

»Halt' mich fest!«

Durch das Tragen erhält Ihr Kind wichtige Impulse für seinen Gleichgewichtssinn. Ideal ist das Tragen im Tragetuch oder in der Tragehilfe, da beides Ihrem Baby eine schützende Grenze vermittelt. Außerdem spürt es Ihren Herzschlag und Ihre Körperwärme. Natürlich ersetzt ein Tuch nicht den Kinderwagen mit seiner geraden Liegefläche für Spaziergänge und über längere Strecken. Aber für kürzere Strecken ist das Tragetuch ideal. Richten Sie sich immer danach, wie lange sich Ihr Kind darin wohlfühlt und legen es dann wieder auf eine Krabbeldecke, auf der es in Ruhe seine Eindrücke verarbeiten kann.

> **Wichtig** *Bedenken Sie bei allem, was Ihr Baby in den nächsten Monaten lernen wird: Die* Qualität *seiner Fähigkeit ist wichtiger als das Tempo, in dem es sie erwirbt.*

Mit wachen Sinnen

Natürlich ist ein Menschenbaby auf den ersten Blick ein rührend hilfloses Geschöpf. Doch trügt der Schein ein wenig. Tatsächlich hat Ihr Kleines, noch bevor es sich an das Erreichen seiner ersten Meilensteine macht, einige wichtige Überlebensfähigkeiten mit auf die Welt gebracht. Dazu gehören das Saugen und Schlucken, das Ihr Baby bereits im Mutterleib geübt hat und womit es seine Nahrungsaufnahme sichert. Außerdem leiten Reflexe die Entwicklung seiner fünf Sinne ein.

JEDES KIND BRINGT SEINE EIGENEN ERFAHRUNGEN und seine Ur-Wahrnehmungen ins Hier und Jetzt. In der ersten Zeit spielen für Ihr Kleines vor allen sein Geruchs- und Geschmackssinn eine wichtige Rolle. Es schmeckt und riecht seine Welt. Tasten, Riechen, Schmecken, Hören und Sehen dienen von Anfang an der Kontaktaufnahme mit seinem Umfeld und allem voran mit seinen geliebten Eltern. Zwar sind seine Sinne noch nicht ausgereift, aber Sie können sich sicher sein: Ihr Kleines ist – so es nicht schläft – hellwach und lernt und lernt.

Was Ihr Baby jetzt schon kann

Vielleicht hatten Sie ja das Glück, dass Sie Ihr Baby schon auf dem Ultraschallbild dabei beobachten konnten, wie es genüsslich an seinem Daumen nuckelte. Auch trinken konnte es bereits ab etwa der 11. Schwangerschaftswoche. Nach der Geburt finden viele Babys von selbst die Milchquelle – wenn man sie ein Weilchen suchen lässt – und beginnen dann gleich kräftig zu saugen. Dabei findet schon eine erste Fortbewegung statt. Das Baby sucht sich seine Milchquelle und schiebt sich mit seinen Füßchen bis zur Brust seiner Mutter. Dabei lässt es sich durch seinen Geruchssinn leiten. Für die Bindung (siehe Seite 8 f.) zwischen Mutter und Kind ist dies eine sehr wichtige Phase.

Plädoyer für das Stillen

Der Saugreflex ist übrigens bei jedem Kind unterschiedlich stark ausgeprägt. Manches Baby saugt besser, wenn es einen Finger der Mama umfasst, da sich die Kraft von Mund und Hand gegenseitig verstärken. Außerhalb der Trinkzeiten können Sie Ihr Baby auch an seinen eigenen Händchen nuckeln lassen. Ein gut ausgeprägter Saug- und Schluckreflex spricht für eine gesunde Entwicklung Ihres Babys.
Das Stillen beeinflusst auch wesentlich die Entwicklung der Zahnbögen, des Lippenschlusses und des Kieferbereichs. So wird auch das spätere Sprechen vorbereitet.

ZARTE BANDE

Beruhigend: Stillen schafft ein enges Band zwischen Mutter und Kind. Es beruhigt, nährt optimal und fördert die Kieferbildung.

Nicht nur das: Das gesamte Skelett gewinnt durch das Stillen. Schließlich vollbringt Ihr Baby dabei einen Kraftakt. Für das Trinken aus der Flasche braucht es dagegen weniger Kraft und muss auch seine Sinne nicht in dem Maße koordinieren.

Wie sich die Motorik entwickelt

Die Bewegungsfähigkeit (Motorik) Ihres Babys ist im ersten Lebensmonat noch stark von Reflexaktivitäten geprägt. Reflexe sind angeboren, haben immer eine lebenswichtige Aufgabe und die Eigenschaft, nach einer gewissen Zeit zu verschwinden. Denn je weiter sich das Nervensystem des Kleinen entwickelt und je stärker vernetzt die Gehirnstrukturen sind, desto mehr treten diese Reflexe ins Hintertreffen und werden durch bewusste, vom Großhirn gesteuerte Handlungen ersetzt. Wie stark ein Reflex ausgeprägt ist und in welchem Tempo er sich zurückbildet, zeigt dem Kinderarzt, ob sich Ihr Baby gesund entwickelt. Sehr wichtig: Nehmen Sie bitte Abstand davon, die Reflexe bei Ihrem Baby auszuprobieren. Das sollte ausschließlich dem Kinderarzt Ihres Vertrauens vorbehalten sein.

Die wichtigsten Reflexe

› *Such-Reflex* Sobald Sie die Wange Ihres Babys berühren, dreht es seinen Kopf auf die Seite, von der die Berührung erfolgte.
› *Saug-Reflex* Berühren Sie Ihr Baby am Mund, so beginnt es zu saugen und zu schlucken. Dieser Reflex hält sich etwa vier Wochen lang.
› *Greif-Reflex* Legen Sie einen Finger in die Hand Ihres Babys, so umklammert es diesen sofort. Es kann dabei so fest zupacken, dass es – gemessen an der Kraft, die es aufwendet – sogar sein eigenes Gewicht tragen könnte! Bis zum dritten Lebensmonat sollte der Greif-Reflex langsam verschwinden, denn jetzt kann das Baby lernen, gezielt zu greifen und auch wieder loszulassen. Auch die Füße zeigen den Greif-Reflex. Sobald Sie die Fußsohlen Ihres Babys berühren, krallt es seine Zehen zusammen. Dieser Fuß-Greif-Reflex besteht etwa zehn bis fünfzehn Monate, also so lange, bis Ihr Kind läuft.
› *Schreit-Reflex* Wenn Sie Ihr Baby aufrecht (und gleichzeitig leicht schräg nach vorn) halten und es mit beiden Fersen die Unterlage berührt, hebt es ein Beinchen und macht einen Schritt durch die Luft nach vorne. Dieser Reflex ist etwa sechs Wochen lang auslösbar.
› *Moro-Reflex* Sobald sich Ihr Baby erschrickt oder das Gefühl hat zu fallen, breitet es seine Arme aus und bringt sie anschließend sofort wieder nach vorne. Entdeckt wurde dieser Reflex von dem Kinderarzt Ernst Moro. Der Reflex ist überlebenswichtig, denn er ermöglicht dem Neugeborenen zum Beispiel seinen ersten Atemzug.
› *Bauer-Reflex* Liegt das Baby mit angewinkelten Beinen auf dem Bauch und berühren Sie seine Füße, so stößt es sich ab, als wollte es wegkrabbeln.

Alles nur Gespür – der Tastsinn

Ihr neugeborenes Kind braucht Berührung beinahe ebenso wie die Luft zum Atmen. Durch das Tragen, Wiegen, Schaukeln, das Streicheln und Kuscheln lernt es die Grenzen seines Körpers kennen und seinen Körper überhaupt wahrzunehmen. Außerdem beruhigt es sich durch Streicheln und Kuscheln um ein Vielfaches rascher, wenn es aufgeregt ist. Nicht umsonst ist der in diesem Alter am besten entwickelte Sinn der Berührungs- oder Tastsinn.

Der Tastsinn befindet sich in der Haut Ihres Kleinen. Nach der Geburt ist der Mundbereich äußerst sensibel, später kommt die Hand als Tastorgan hinzu. Bei der Ausprägung des Tastsinns spielt der Kontakt mit dem eigenen Körper, zum Beispiel beim Strampeln auf einem Lammfell, und dem Körper der Mutter eine große Rolle.

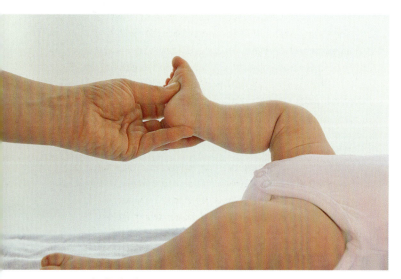

Anregend: Eine sanfte Massage der winzigen Babyfüßchen tut gut und hilft dabei, dass sich die Fußgewölbe besser entfalten.

Liebevolle Berührungen, gestreichelt und gehalten werden, all das ist für Ihr Baby weiterhin besonders wichtig. Da es gerade die vertraute Geborgenheit des Mutterleibs verlassen hat, bekommt es durch den Körperkontakt die Gewissheit: »Auch in meiner neuen Umgebung bin ich sicher.« Heute weiß man, dass die seelische und geistige Entwicklung eines Babys durch viel Körperkontakt gefördert und gestärkt wird.

Das tut Ihrem Baby jetzt besonders gut

Tragen Sie Ihr Baby. Das **Tragen** regt die **Entwicklung des Gleichgewichtssinns** an, weil das Baby dabei fortwährend bewegt wird. Der Gleichgewichtssinn ist wichtig für die Bewegungsentwicklung Ihres Kindes, denn über das Gleichgewicht macht es **wichtige Sinneserfahrungen**. Diese prägen sich im Gehirn ein und es kommt zur vermehrten **Vernetzung der Gehirnzellen**. Das Tragen fördert zudem eine gute Spannung der Muskulatur, wodurch sich die Körperhaltung verbessert.

Ganz nah bei Mama und Papa

Mit der so genannten Känguru-Methode schaffen Sie viel Körperkontakt und Nähe. Besonders bei seiner Mutter entspannt sich das Neugeborene rasch, da es den geliebten Geruch wahrnimmt, den bekannten Rhythmus des Herzschlags und ihre Stimme. Setzen Sie sich in einen bequemen Sessel oder einen Schaukelstuhl. Sorgen Sie für gedämpftes Licht und Ruhe und eine angenehme Zimmertemperatur. Jetzt legen Sie Ihr nacktes, gewickeltes Baby auf Ihren bloßen Oberkörper – Haut an Haut. Achten Sie bitte darauf, dass Ihr Kleines mit angebeugten Armen und Beinen auf Ihnen ruht. Sein Köpfchen ist dabei zur Seite gedreht. Dann umhüllen Sie sich mit einer weichen, warmen Decke.

Diese Haltetechnik regt alle Sinne des Babys an, insbesondere seinen Tastsinn und das Fühlen. Vor allem Frühchen profitieren von diesem engen Hautkontakt, auch beim Stillen.

»Ich erkenne dich!« – der Geruchssinn

Bereits bei seiner Geburt kann Ihr Baby gut riechen und schmecken. Das half einem Neugeborenen seit Urzeiten beim Überleben. Deshalb sind der Geruchs- und Geschmackssinn entwicklungsgeschichtlich gesehen die ältesten Sinne des Menschen und sicherten sein Überleben. Anders als beim Sehen und Hören werden die Reize des Geruchssinns direkt in das Stammhirn geleitet, in dem sich auch das limbische System befindet, die Steuerzentrale für unsere Gefühle. Das bedeutet, dass der überwältigende Teil unserer Geruchsempfindungen auf unbewusster Ebene abläuft und Gerüche starke Gefühle auslösen können. Ihr Baby erkennt Ihren Geruch schon kurz nach der Geburt und wird diesen, dank Ihrer liebevollen Zuwendung, sein Leben lang mit dem Gefühl tiefer Zuneigung verknüpfen.

Das tut Ihrem Baby jetzt besonders gut

- Um Ihr Baby nicht zu verunsichern, sollten Sie gerade in der ersten Zeit – und so lange Sie stillen – beispielsweise mit **Parfüm** und **stark duftenden Körperpflegeprodukten** sparsam umgehen.

»Du bist da!« – der Hörsinn

Schon kurz nach seiner Geburt unterscheidet Ihr Baby die Stimme seiner Mama von anderen Stimmen. Es wendet sein Gesicht schon bald den vertrauten Geräuschen zu und lässt sich auf Ihrem Bauch beim Lauschen Ihres vertrauten Herzschlags schnell beruhigen.
Denn schon im Mutterleib hat sich der Gehörsinn Ihres Kindes so weit entwickelt, dass es sogar Laute wahrnehmen konnte, die von außen durch die Bauchdecke drangen. Und natürlich hat es auch Mamas und Papas Stimme gehört – wenn auch noch etwas undeutlich. Nur zu verständlich, dass

In Herznähe: Näher geht es kaum: Bei der Känguru-Methode halten Mama oder Papa ihr Kleines ganz nah am Oberkörper.

vertraute Stimmen für Ihr Neugeborenes zu den spannendsten Geräuschen gehören. Auch sie schenken ihm ein Gefühl der Geborgenheit und Zugehörigkeit. Sie werden bald feststellen, dass Ihr Baby sich schon beim bloßen Klang Ihrer Stimme beruhigt. Denn Ihre Stimme signalisiert ihm alles, was es zu seinem Wohlergehen braucht. Achten Sie einmal darauf, wie gut Ihr Kleines Ihnen zuhört, wenn Sie mit ihm sprechen, ihm etwas vorsummen oder -singen.

Das tut Ihrem Baby jetzt besonders gut

- Setzen Sie Ihr Baby vor allem in der ersten Zeit möglichst **wenig Lärm und lauten Geräuschen** aus. Sie machen ihm Angst und setzen es unter **Stress**. Klingende, einzelne Töne, etwa von einem **Glockenspiel**, gefallen kleinen Babys dagegen sehr. Denn einzelne **Laute können sie besser voneinander unterscheiden** als vielstimmige Klangteppiche. Da der erste Meilenstein, den Ihr Baby zurücklegt, viel mit der Entwicklung des Sehsinns und der ersten Form der Kontaktaufnahme zu tun hat, erfahren Sie ab Seite 24 mehr dazu.

Zur Mitte finden

Jedes Neugeborene hat ein naturgegebenes Bedürfnis nach Sicherheit und Geborgenheit, Ruhe und Berührung. Die meisten Menschen nähern sich einem Baby intuitiv behutsam und ruhig, streicheln es und sprechen sanft und liebevoll mit ihm. Dass eine reizarme Umgebung in den ersten Wochen von Vorteil ist, versteht sich von selbst. Für Ihr Baby ist alles, was sich außerhalb seines gemütlichen Schutzraums im Bauch abspielt, neu, ungewohnt und auch anstrengend.

GENIESSEN SIE DIE ERSTE ZEIT IHRES KENNENLERNENS mit besonderer Aufmerksamkeit und gehen Sie bewusst langsam und ruhig mit Ihrem kleinen Neuankömmling um. Tragen, Wiegen, Summen oder Singen helfen Ihrem Kleinen dabei, die Welt als freundlichen, liebevollen Ort kennenzulernen.

So bewegt sich Ihr Baby jetzt …

Die Bewegungsentwicklung (Motorik) Ihres Babys spiegelt seine geistige und soziale Entwicklung. Unter Motorik versteht man die Haltung eines Menschen – also die Fähigkeit, seinen Körper im Raum gegen die Schwerkraft halten zu können. Hinzu kommt die Aufrichtung – das ist die Fähigkeit, den Körper durch Abstützen aufrichten zu können. Und es gehört die zielgerichtete Bewegung dazu – also die Fähigkeit, einen Gegenstand auf kürzestem Wege ergreifen zu können. Ein Neugeborenes ist immer asymmetrisch und instabil. Das heißt, dass es sein Köpfchen immer zur Seite hin ablegt. Auch bilden Nase, Nabel und Schambein noch keine gerade Linie. Verstärkt wird diese »Schieflage« durch Blockaden der Halswirbelsäule, zu denen es während der Geburt kommen kann. Manchmal kommt es auch zu blauen Flecken am Hinterkopf oder der Halsmuskulatur. Diese lösen sich meistens ohne therapeutische Hilfe auf. Typisch für die ersten Lebenswochen ist auch die Handhaltung. Neugeborene bilden Fäustchen, wobei der Daumen nach innen eingeschlagen wird.

… in der Rückenlage …

In der Rückenlage reagiert Ihr Baby mit unsteten, unsicheren Bewegungen (Holokinese). Da es seine Arme, die Beine und seinen Kopf noch nicht unabhängig voneinander bewegen kann, verändert sich ständig die Auflagefläche seines ganzen Körpers: Sobald es sein Köpfchen dreht, bewegt sich der ganze Körper mit. Da es in der Gebärmutter gegen Ende der Schwangerschaft mehr als eng wurde, sind die Gelenke von Armen und Beinen bei Ihrem Neugeborenen gebeugt.

ZARTE BANDE

… und in der Bauchlage

Auch die Bauchlage Ihres Kleinen ist noch instabil und asymmetrisch. Sein Körperschwerpunkt liegt jetzt weit vorne und am liebsten liegt es in der sogenannten Beugehaltung. Dabei ist die Brustwirbelsäule gebeugt und Hals- und Lendenwirbelsäule sind überstreckt. Noch kann es sich nicht aufstützen, geschweige denn sein Köpfchen kontrollieren. In den ersten Wochen führt es aus dieser Lage heraus Kriechbewegungen aus. Auch wenn dies für Entzücken bei den begeisterten Eltern sorgt, die davon überzeugt sind, ihr Kleines könne schon krabbeln: Es handelt sich hierbei um einen Reflex (Bauer-Reflex, Seite 15), der sich bald wieder verliert.

Das tut Ihrem Baby jetzt besonders gut

Achten Sie gut darauf, wie Sie Ihr Baby **hinlegen und es tragen.** Liegt und schläft das Baby immer in derselben Position, so verstärkt sich die Schieflage unter Umständen. Erkennbar ist dies an einer **asymmetrischen Kopfform:** Eine Hälfte des Gesichts entwickelt sich dabei stärker als die andere und der Hinterkopf flacht ab. Auch die **Babyglatze,** die sich durch das Liegen bildet, befindet sich nicht in der Mitte des Hinterkopfs, sondern eher seitlich. Dieses **Ungleichgewicht** kann sich über den ganzen Körper fortsetzen.

> **Wichtig** *Die* Neugeborenen-Asymmetrie *verschwindet in den nächsten Wochen und Monaten. Unterstützen Sie Ihr Baby dabei,* leichter »in seine Mitte« zu kommen, *indem Sie es* unterschiedlich hinlegen *und beim* Tragen die Seiten wechseln.

Beidseitiges Handling

Idealerweise wechseln Sie beim Aufnehmen und Ablegen, Baden und Füttern Ihres Babys häufiger die Seiten. Nehmen Sie Ihr Kind immer behutsam und langsam auf, sodass es lernt, die Bewegung mitzusteuern. Greifen Sie beim Aufnehmen aus der Rückenlage mit Ihren beiden Händen unter seine Schulterblätter, sodass es wie in einer Schale liegt. Wenn Sie es über die linke Seite aufnehmen möchten, legen Sie Ihren rechten Unterarm zwischen die Beine Ihres Babys, drehen es langsam auf die linke Seite und nehmen es sanft auf. Aus der Bauchlage heraus können Sie es ebenfalls hochnehmen. Dabei greifen Sie von oben mit einem Unterarm zwischen die Beine Ihres Babys und mit der anderen Hand zwischen seine Ärmchen, sodass Ihre Hand unter seinem Brustbein zu liegen kommt. Jetzt nehmen Sie Ihr Baby mit einer leichten Drehung auf oder halten es im sogenannten Fliegergriff.

Fliegergriff: Diese Haltemethode tut Babys gut, die noch sehr unter Bauchweh leiden. Dabei entspannt sich der kleine »Flieger«.

Sicherheit vermitteln

Vom ersten Tag seines Lebens an können Sie Ihrem Baby dabei helfen, gut und sicher in dieser Welt anzukommen. Noch ist Ihr Kleines völlig unselbständig und ganz auf Sie angewiesen. Das sogenannte Handling, also der alltägliche Umgang mit ihrem Kind beim An- und Ausziehen, beim Herumtragen, Wickeln, Baden und Füttern ist jetzt sehr wichtig: Jeder Ihrer Handgriffe kann sich auf die Entwicklung und den motorischen Lernprozess Ihres Babys auswirken. Vertrauen Sie dabei sich und Ihrem Gefühl. Sie werden sehen: Jeden Tag werden alle Ihre Handgriffe sicherer.

Die Liegeposition wechseln

Achten Sie darauf, dass Ihr Baby sein Köpfchen sowohl in der Rücken- als auch in der Bauchlage immer wieder auf beiden Seiten ablegen kann. Das Kind wendet zu Beginn seinen Kopf meistens zur Lichtquelle im Raum.

Für die Entwicklung einer guten Symmetrie sollte sich keine Lieblingshaltung und Lieblingsseite entwickeln. Das können Sie aber gut steuern. Sprechen Sie Ihr Baby deshalb bevorzugt auch immer von der Mitte aus an.

> **Wichtig** *Je mehr Reize Ihr Kind vom ersten Blickkontakt an erhält, desto mehr vernetzen sich die Nervenzellen (Neuronen) im Gehirn miteinander. Aber bedenken Sie, dass nicht alle Einflüsse Ihrem Baby guttun, laute oder grelle Reize wie ein Blitzlicht erschrecken Ihr Kind. Zu den* **positiven** *Eindrücken gehören* **Liebkosen, Wiegen** *und* **Schaukeln, Tragen, Babymassage** *und ganz allgemein ein* **gutes Handling.**

Drehen Sie das Bettchen oder Körbchen Ihres Babys immer mal wieder in eine neue Position. So fällt das Licht von verschiedenen Seiten ein, Ihr Kind hört Ihre Stimme nicht immer von derselben Seite und Sie können das Kleine mal von rechts, mal von links hochnehmen. Tragen Sie es am besten auch nicht immer in derselben Position, sondern mal in dem einen, mal in dem anderen Arm.

Spielzeug am Bettchen sollte nie nur an einer Seite hängen, sondern darf ruhig auch einmal die Seiten wechseln. Wenn Ihr Baby vier Wochen alt ist und den Blickkontakt länger halten kann, beginnt es auch, genau zu beobachten. Ab der Zeit wird Spielzeug »zum Gucken« interessant, vor allem rote oder schwarz-weiße Gegenstände.

Die beste Schlafposition

Das regelmäßige nächtliche Umlagern ist aufgrund der Empfehlung der World Health Organization (WHO) nicht mehr üblich. Zum Schlafen sollten Babys auf den Rücken gelegt werden. Durch diese einseitige Lagerung kann das Kind jedoch seinen natürlichen »Schiefstand« (Asymmetrie) nicht überwinden. Lagern Sie Ihr Baby deshalb unter Aufsicht auch auf der Seite, wobei Sie es im Rücken mit einer Handtuchrolle unterstützen. Und lassen Sie Ihr Baby – im Wachzustand – auch häufig die Bauchlage einnehmen!

Wenn Sie Ihr Baby behutsam an die Bauchlage gewöhnen möchten, legen Sie es sich auf den Bauch. Dabei können Sie liegen oder auch bequem in einem Sessel oder Schaukelstuhl sitzen. So kann Ihr Baby das ansehen, was es in der ersten Zeit am liebsten sieht: Ihr Gesicht!

Richtig stillen und füttern

Beim Stillen sollten Sie ebenfalls immer wieder einmal die Positionen wechseln. Auch Babys, die die Flasche bekommen, können variantenreich gehalten werden: Sie liegen dabei im Arm, auf den angestellten Oberschenkeln, im Ringsitz (siehe Seite 97) oder auch auf dem Tisch.

So ziehen Sie Ihr Baby bequem an

› *Ziehen Sie Ihrem Baby am besten* **keine Strümpfe** *unter den Strampler an, sonst wird die Blutzufuhr abgeschnürt und die Füßchen werden kalt.* **Strampler** *sind für das Baby angenehmer als Hosen mit schmalem Gummizug. Auch in ihnen wird der Bauch nur eingeschnürt.*

› *Babys in Jeans sehen niedlich aus. Dennoch: Da die Hosen meist aus relativ steifem Material hergestellt werden, behindern sie die Bewegungsentwicklung des Kindes. Ziehen Sie Ihrem Baby* **bequeme Kleidungsstücke** *an, die groß genug und nicht zu warm sind.*

› *Achten Sie beim* **Anziehen** *von Bodys und Oberteilen darauf, dass der* **Kopf Ihres Babys nicht nach hinten überstreckt** *wird. Ziehen Sie das Shirt deshalb zuerst über den Hinterkopf des Kleinen, dann erst über das Gesicht. So bringen Sie seinen Kopf nach vorne, was der natürlichen Bewegungsentwicklung Ihres Kindes entspricht. Denn wenn Sie Ihr Kind genau beobachten, werden Sie sehen, dass es bei allen Bewegungen – wie zum Beispiel beim Drehen – den Kopf nach vorne neigt. Vermeiden Sie deshalb möglichst ein Nach-hinten-Fallen oder -Ziehen des Köpfchens.*

Wenn Ihr Baby abends weint

Ab der zweiten Woche beginnt bei zeitgerecht geborenen Babys häufig eine abendliche Schreiphase, die von Kind zu Kind unterschiedlich lang ist, im Extremfall aber durchaus mehrere Stunden andauern kann. Höhepunkt dieser anstrengenden Zeit ist die sechste Woche. Ab dieser Zeit verkürzen sich die Schreiphasen allmählich wieder auf ein erträgliches Maß, bis sie nach der 12. Woche glücklicherweise und oft unvermittelt

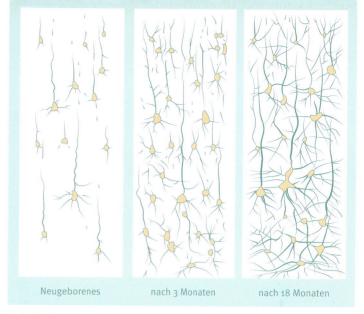

Neugeborenes — nach 3 Monaten — nach 18 Monaten

Rasant: Die Vernetzung der Nervenzellen im Gehirn eines Babys in seinen ersten 18 Monaten zeigen, wie viel und schnell es lernt.

aufhören. Bei Frühgeborenen beginnt die Schreiphasenzeit nach dem errechneten Geburtstermin.

Aber auch außerhalb dieser Phase gibt es immer wieder Zeiten, in denen Ihr Baby lauthals seine Bedürfnisse kundtut, beispielsweise wenn sich ein neuer Entwicklungsschub abzeichnet. Gerade in den ersten Wochen sind viele Eltern noch sehr verunsichert und wissen nicht, wie sie mit ihrem schreienden Baby umgehen sollen. Setzen Sie sich möglichst nicht unter Druck, reagieren Sie aber prompt, wenn Ihr Kind schreit. Bei größeren Säuglingen können Sie auch etwas abwarten, vielleicht beruhigt sich Ihr Baby dann von selbst. Dies funktioniert allerdings nur, wenn Ihr Kind bereits die Erfahrung gemacht hat, dass Sie immer da sind, wenn es Sie braucht.

Überforderung vermeiden

Reizüberflutung, das heißt Lärm, ein ständig laufender Fernseher, zu viel Spielzeug, überfüllte Supermärkte, häufige Besuche und hektische Aktivitäten können Ihr Baby überfordern. Versuchen Sie diese Reize zu vermeiden oder wenigstens zu reduzieren. Ein regelmäßiger, ruhiger und geplanter Tagesablauf wirkt dagegen oft Wunder und tut Mutter und Kind gut. Auch Übermüdung, eine unangenehme Umgebungstemperatur oder zu warme Kleidung können zu heftigen Schreiattacken führen. Lassen Sie es erst gar nicht zu, dass Ihr Baby übermüdet, sondern sorgen Sie für rechtzeitigen Schlaf. Genießen Sie gemeinsame Spiel- und Kuschelzeiten, wenn Ihr Baby wach ist. Der intensive Körperkontakt vermittelt Ihrem Kleinen die nötige Sicherheit, um beruhigt einzuschlafen. Damit Ihr Baby nicht übermüdet, achten Sie auf seine Ausdauer zwischen den Schlafphasen. Diese kann bei einem sehr kleinen Säugling gerade einmal zehn Minuten betragen, dann ist er von seinen Eindrücken und neuen Erfahrungen schon erschöpft. Erst ältere Babys können schon einmal eineinhalb Stunden ausgiebig mit Mama oder Papa spielen und kuscheln, bevor sie befriedigt einschlafen.

Das hilft in der Schreiphase

Versuchen Sie die Nerven zu bewahren: Ihr Kind schreit, da es seine Bedürfnisse nur so mitteilen kann. Tragen sie es auf den Armen oder im Tragetuch und schaukeln Sie es sanft. Auch eine Babymassage (siehe Seite 13) wirkt sehr beruhigend auf Ihr Kind. Allerdings sollte es dazu nicht zu müde sein. Manchmal hilft es, das Kind zu pucken (siehe Seite 12). Wiegen Sie es leicht, summen und singen Sie, wenn möglich im Wechsel mit Ihrem Partner. Wenn Ihr Kleines immer noch weint, so können Sie es einfach nur gut festhalten und bei ihm sein, zählen Sie langsam von dreißig abwärts, um mit der nötigen Geduld die Schreiphase zu meistern. Wichtig ist, dass Sie tagsüber, wenn Ihr Kind schläft, gut für sich selbst sorgen, sich nichts vornehmen, vielleicht sogar ebenfalls schlafen, um Ihrem Kind am Abend ausgeglichen beistehen zu können. Und nehmen Sie ruhig Hilfe an, wenn Sie nicht mehr weiterwissen. In dieser Phase verzichten Sie auch besser auf abendlichen Besuch und Verpflichtungen, schaffen Sie eher eine ruhige Atmosphäre bei gedämpftem Licht.

»Hallo, ich wachse!«

Entwicklung verläuft in Schüben. Neue Fähigkeiten reifen langsam (und manchmal unbemerkt) heran und sind dann plötzlich da, beispielsweise die Fähigkeit Ihres Kindes, sich zu drehen. Bevor ein neuer Meilenstein erreicht wird, kündigt er sich oft durch eine unausgeglichene Stimmungslage Ihres Babys an: Es schreit, ist weinerlich, lustlos oder müde. Diese Zeit ist für die ganze Familie belastend, aber glücklicherweise dauert sie nur kurz, und schon bald kann sich Ihr Kind an seiner neuen Errungenschaft freuen, – auch wenn es diese nur einmal zeigt und dann ein bis zwei Wochen wieder nicht. Die »schlechte Laune« ist erstmal wieder verflogen.
Werten Sie aber nicht jedes Quengeln und Schreien Ihres Kindes als Vorzeichen eines bevorstehenden Entwicklungsschubs. Zuweilen sind solche Unlustgefühle auch Anzeichen einer ernst zu nehmenden Erkrankung. Wenn Sie unsicher sind, gehen Sie mit Ihrem Kind zum Arzt. Auf jeden Fall bei Fieber!

Babysprache – »Versteh' mich richtig!«

Von Anfang an teilt sich Ihr Baby mit und »sagt« Ihnen, ob es ihm gut geht oder ob ihm etwas fehlt. Dabei setzt es seine Mimik, seine Hände und Füße sowie seine Körperhaltung ein. Sie müssen nur seine Signale richtig deuten. Diese »Sprache ohne Worte« ist zwar in gewisser Weise universell, klingt aber bei jedem Kind etwas anders. So müssen selbst Sie als Mutter oder Vater erst einmal lernen, Ihr Baby richtig zu verstehen und seine Körpersprache und Lautäußerungen richtig zu deuten. Das gelingt leichter, wenn Sie nicht überfordert und gestresst sind, sondern mit Ruhe auf Ihr Kind reagieren können. Ohne nachzudenken funktioniert dann oft die Kommunikation zwischen Eltern und Kind. Dasselbe gilt für Ihr Kind: Ist es wach, satt und zufrieden, kann es Reize von außen gut aufnehmen und verarbeiten. Ist es unausgeglichen und quengelig, so wird es durch Wahrnehmungsreize eher überfordert. Je nach Alter äußert Ihr Kind dabei seine Lust- und Unlustgefühle auf unterschiedliche Weise. Damit Sie die Signale Ihres

ZARTE BANDE

Kindes besser verstehen, wird die »Sprache ohne Worte« nachfolgend genauer beschrieben. Bedenken Sie aber, dass jedes Kind einen anderen Charakter, ein anderes Temperament besitzt. So finden Eltern und Kinder – je besser sie sich kennenlernen – zu ihrer ganz persönlichen Zwiesprache.

»Spiel mit mir!«

› Der intensive Blickkontakt Ihres Babys und Laute des Wohlbefindens strahlen Zufriedenheit und Interesse aus.
› Ihr Kind wendet sich Ihnen zu, alle Bewegungen seines kleinen Körpers sind auf Sie gerichtet.
› Das ältere Kind streckt Ihnen seine Arme entgegen.

»Ich möchte eine Pause machen.«

› Ihr Baby dreht sein Köpfchen von einem vorher noch interessanten Geschehen weg. Oder es unterbricht den Blickkontakt mit Ihnen durch Wegdrehen seines Kopfes.
› Ihr Baby drückt sich von Ihnen mit seinem ganzen Körper weg und schaut ins Leere.
› Es überstreckt sich mit seinem ganzen Körper und bekommt einen weinerlichen Gesichtsausdruck.
› Ihr Baby fängt an, mit den Armen zu rudern, die Beine sind unruhig oder es gähnt ausgiebig und mehrmals.
› Ältere Kinder schütteln den Kopf.

»Jetzt entspanne ich mich.«

› Die Arme Ihres Kindes hängen schlaff am Körper, und auch die Körperhaltung wirkt eher entspannt.
› Ihr Baby bewegt Arme und Beine kaum, schließt seine Augen und blinzelt oft. Oder es senkt seinen Blick nach unten.
› Es wendet den Blick ab, indem es den Kopf wegdreht.
› Ihr Kind hält sich an seiner Kleidung oder an den Gitterstäben seines Bettchens fest.
› Es kann zur Selbstberuhigung oder Entspannung auch seine Hand in den Mund stecken und daran saugen.
› Ältere Kinder greifen sich in die Haare und nesteln daran.

Wie dieses Buch Ihnen hilft

Zu keiner Zeit in seinem Leben lernt Ihr Kind so viel wie in seinem ersten Babyjahr. Dabei geht die Entwicklung im Eiltempo voran, und jeden Monat wird Ihr Kind eine neue Fähigkeit erworben haben. So wird unter den Augen seiner Eltern aus einem hilflosen Neugeborenen ein waches, selbstständiges Kleinkind. In jedem *Hauptkapitel* dieses Buches zeigen wir Ihnen die *Bewegungsentwicklung* Ihres Kindes. Dieser Reifungsprozess ist genetisch vorgegeben und bei allen Kindern grundsätzlich gleich. Aber jedes Baby zeigt gemäß seiner ererbten Persönlichkeit sein *eigenes Entwicklungstempo* sowie *individuelle Vorlieben und Abneigungen,* um bestimmte Fähigkeiten (Meilensteine) zu erreichen und diese auch einzuüben. Trotzdem ist die kindliche Entwicklung abhängig von äußeren Einflüssen. Das heißt nun nicht, dass Sie das Erreichen bestimmter Meilensteine lenken könnten. Aber Sie können Ihrem Baby *wertvolle Anregungen* geben und die eine oder andere gut gemeinte »Hilfe« vermeiden. Dieses Buch kann Ihnen dabei helfen, entscheidende Momente der Bewegungsentwicklung in den ersten 12 bis 14 Monaten zu erkennen. Mit jedem Meilenstein lernt Ihr Baby, ein *Stück Selbstständigkeit zu erlangen.*

Im Anschluss daran zeigen wir Ihnen *Spiele,* die Ihrem Baby in der jeweiligen Entwicklungsphase Spaß machen und es *spielerisch fördern, ohne es zu überfordern.* Viele Babys entdecken auf diese Weise Lieblingsbeschäftigungen, die Sie ihm durchaus über mehrere Meilensteine hinweg anbieten können. Orientieren Sie sich bei der Auswahl der Spiele an dem Vergnügen Ihres Kindes, an seinem Charakter und seinem individuellen Entwicklungsstand.

MEILENSTEIN 1: BLICKKONTAKT

Durch die Kraft liebevoller Blicke und durch das intensive, stark aufeinander bezogene Handeln von Mutter und Kind werden – so wissen Entwicklungspsychologen – die Nervenzellen des kindlichen Gehirns ebenso wie das der Mutter stark beeinflusst und zur weiteren Vernetzung angeregt. Durch frühe positive Bindungserfahrungen formen sich so bei Ihrem Baby nach und nach die Muster für frühes soziales und emotionales Lernen in seinem Gehirn.

1 *BLICKKONTAKT*

»Schau' mich an!«

Von allen Sinnen entwickelt sich der Sehsinn Ihres Babys zuletzt. Da in der Gebärmutter nur schummrig-rötliches Licht herrscht, konnte diese Entwicklung auch nicht angeregt werden. Nach der Geburt hat das Baby in etwa eine Sehschärfe von vier Prozent eines Erwachsenen. Kontraste kann es am besten erkennen. Insgesamt entwickelt sich der Sehsinn im ersten Lebensjahr rasant. Mit einem Jahr sieht ein Baby schon fast so gut wie ein Erwachsener.

DEN MEILENSTEIN DES KONSTANTEN BLICKKONTAKTS erreichen Babys am Ende der vierten Woche. Jetzt kann Ihr Kind Ihnen im wahrsten Sinn des Wortes tief in die Augen blicken und den Blick auch halten. Aber bereits im zarten Alter von nur zwei Tagen bemerken Säuglinge, wenn sie ein anderer ansieht. Das berichten britische Hirnforscher im Fachmagazin »Proceedings of the National Academy of Sciences«. Die Entwicklungspsychologen zeigten Neugeborenen verschiedene Fotos von Gesichtern. Die einen blickten dabei direkt in die Kamera, die anderen hatten sich etwas abgewandt. Dabei weckten die Gesichter, die das jeweilige Baby direkt »anschauten«, ein echtes Interesse bei den Kleinen: Sie begutachteten diese Bilder deutlich länger als jene mit den abgewandten Gesichtern.

Dies gilt als Beleg, dass diese Reaktion den Säuglingen dabei hilft, das Erkennen von Gesichtern zu erlernen. Das wiederum ist für die weitere soziale Entwicklung äußerst wichtig.

Wichtig

Alle Entwicklungen, die sich von Geburt an bei Ihrem Baby abspielen – also auch der **erste Blickkontakt, das erste Lächeln und der erste Schritt** *– zielen nur auf eines:* **Selbstständigkeit.** *Doch warum nimmt ein so kleines Wesen diese ganze Anstrengung der Bewegungsentwicklung auf sich? Was ist der* **Motor** *dieser Entwicklung? Das Ziel ist letztendlich im besten Fall die* **Ausprägung eines eigenen Willens** *und einer eigenen Gedankenwelt –* **die Entwicklung des »Ich«.** *Jedes Kind bemüht sich von Geburt an nach Kräften, dieses Ziel zu erreichen. Sie können es auf diesem Weg* **liebevoll unterstützen.**

1 BLICKKONTAKT

Schau', was ich schon kann

› Ihr Baby hält für kurze Zeit Blickkontakt mit Ihnen, wenn es auf dem Rücken liegt (Abstand ca. 20 cm).
› Ihr Baby kann schon kräftig saugen.
› Wenn es auf dem Bauch liegt, kann es aus der Mittellage seinen Kopf zur Seite drehen. In Bauchlage kann es reflektorische Kriechbewegungen vollziehen.
› Wenn Sie Ihr Baby aufrecht bzw. leicht schräg nach vorne halten, macht es Schreitbewegungen, sobald es mit den Füßen die Unterlage berührt.
› Die Hände sind fest gefaustet, der Daumen ist dabei in die Hand eingeschlagen.
› Wenn Sie Ihr Kind auf den Rücken legen, dreht es seinen Kopf zur Seite. In den ersten vier Wochen hat es dabei oft noch eine Lieblingsseite. Sie können Ihr Baby dabei unterstützen, dass es sein Köpfchen auch auf die andere Seite bringen kann (siehe Seite 19 f.).
› Das Baby reagiert mit Unwillen auf extreme Licht- und Geräuscheinwirkungen und beruhigt sich, wenn es auf den Arm genommen wird.

Das kann Ihr Baby sehen

Von Geburt an kann Ihr Baby ein Gesicht oder einen Gegenstand kurze Zeit fixieren, auch wenn die Entwicklung seiner Netzhaut und des Augapfels noch nicht abgeschlossen sind. Und schon ab der 24. Schwangerschaftswoche reagierte es auf starke Lichtreize, die durch die Bauchdecke drangen. Während es Helligkeit und Farben in den ersten Wochen vermutlich verschwommen wahrnimmt, sieht es auf eine Distanz von etwa 20 bis 30 Zentimeter relativ scharf und kann die Umrisse der Augen seines Gegenübers erkennen. Das hat durchaus seinen Sinn: In diesem Abstand befindet sich Ihr Gesicht, wenn Sie Ihr Kind auf dem Arm haben oder stillen. Und das Gesicht von Mama oder Papa ist jetzt das Wichtigste für Ihr Baby. Denn sein Nervensystem ist noch gar nicht so weit, dass es viele Eindrücke auf einmal verarbeiten könnte. Eine gesunde Entwicklung erkennt man in den ersten Wochen unter anderem an dem interessierten und fasziniertem Blickkontakt des Säuglings mit seinen Eltern.

Noch ist das Sehen des Babys zweidimensional. Richtet es seine Augen auf ein Objekt, so bewegen sie sich ruckartig und meist verzögert mit der Bewegung dieses Objekts. Starke (Farb-)Kontraste erkennt Ihr Baby besser als sehr ähnliche Töne. Entsprechend wird es anfangs z. B. schwarz-weiß gemusterte Spielsachen und Bilder spannender finden als andere. Rot lieben Babys fast genauso wie Schwarz-Weiß, weil es so schön auffällig ist. Unterscheiden können sie es bereits von der Farbe Gelb. Blau und Grün sind hingegen für die Augen Ihres Babys noch dasselbe.

Kuck' mal: Spannend, so eine Glöckchenkette! Hängen Sie einen solchen tönenden Blickfang immer an einer anderen Seite auf.

So unterstützen Sie Ihr Baby am besten

Sie können die Ausbildung des Sehsinns Ihres Babys gezielt und spielerisch fördern. Vertiefen Sie dabei gleichzeitig die schöne Erfahrung des Blickkontakts. Das festigt das Band zwischen Ihnen und fördert zugleich die weitere Entwicklung Ihres Kleinen. Wenn Ihr Baby wach ist und neugierig seinen Blick schweifen lässt, versuchen Sie diesen einzufangen. Erraten Sie, was Ihr Kind möchte. Je nach Stimmung können seine Wünsche ganz unterschiedlich sein.

MÖCHTE IHR BABY EINFACH NUR KUSCHELIG IN IHREN Armen gehalten werden und mit Mama oder Papa »Augenspiele« machen? Oder hat es Lust, den Bewegungen eines Mobiles zu folgen? Wenn die Atmosphäre stimmig ist, dann ist das Baby gelöst und offen für neue Erfahrungen. Beobachten Sie Ihr Kind genau. Es zeigt Ihnen, was es schon kann und woran es Interesse hat, auf diese Weise ergibt sich so manches Spiel auch ganz von selbst.

Bieten Sie Ihrem Baby auf keinen Fall zu viel auf einmal an, das würde es nur überfordern. Wenn ihm alles zu viel wird, wird es das auch deutlich zeigen, indem es zu strampeln und lauthals zu schreien beginnt.

Von Tag zu Tag jedoch wird Ihr Baby Gesichter und Gegenstände länger fixieren können. Oft strengt es sich dabei so an, dass es zu schielen beginnt. Meist ist das ganz normal und ein Zeichen, dass seine Augenmuskeln noch Training brauchen. Bei der Vorsorgeuntersuchung U3 zwischen der vierten und sechsten Woche überprüft Ihr Kinderarzt bestimmte Sehfähigkeiten. Mit etwa acht Wochen kann Ihr Baby dann Objekte sicher mit dem Blick fixieren. Von Monat zu Monat wird sein Sehen immer besser und schärfer.

Spieglein, Spieglein

Babys lieben Gesichter und ganz besonders das ihrer Mama. Es beobachtet Sie ganz genau: Schon kurz nach der Geburt beginnt es, Ihre Mimik nachzuahmen. Probieren Sie es einfach aus: Neigen Sie sich zu Ihrem Kind herab, formen Sie z. B. einen Kussmund, blasen die Wangen auf oder strecken Sie Ihrem Kind Ihre Zunge heraus.

Sie werden erstaunt sein, wie lebhaft Ihr Kind diese »Unterhaltung ohne Worte« aufgreift und auch ohne Worte hervorragend Ihre Gesichtszüge nachzuahmen versucht. Lesen auch Sie im Gesicht Ihres Kindes und spiegeln Sie ihm sein Mienenspiel zurück. Auf diese Weise können Sie sich wunderbar miteinander amüsieren und »verständigen«.

1   BLICKKONTAKT

Aber Hallo: Wenn Sie Ihr Baby von der Mitte aus ansprechen, unterstützen Sie die Entwicklung einer harmonischen Körpersymmetrie.

Wo ist das Licht?

Ihr Baby orientiert sich gerne am Licht und wendet sein Köpfchen und seinen ganzen Körper der Lichtquelle zu. Wechseln Sie ab und zu mal die Position des Bettchens oder verändern Sie die Lichtquelle, damit Ihr Baby über die Asymmetrie keine Fehlhaltung entwickelt. Sie können aber auch das Kind so ins Bett legen, dass es mal mit der rechten, mal mit der linken Seite zur Lichtquelle liegt.

Ich male ein Gesicht

Umfahren Sie mit Ihrem Finger oder der flachen Hand das ganze Gesicht Ihres Kindes. Zeichnen Sie seine Augenbrauen mit dem Finger nach, während Sie es liebevoll anblicken. Dann streichen Sie über seine Nase, den Mund, die Ohren und die Wangen. Anschließend fahren Sie mit der flachen Hand über das ganze Köpfchen.

Tanzendes Tuch

Hängen Sie ein rotes Seidentuch in der Mitte über dem Bettchen oder der Wiege Ihres Babys auf. Schon ein leichtes Pusten versetzt das Tuch in eine schöne Bewegung. Ihr Baby wird diesem »Windspiel« mit Interesse folgen.

Feen-Mobile

Ein Mobile kann über dem Wickeltisch oder dem Bettchen seine mal beruhigende, mal anregende Wirkung entfalten. Dazu benötigen Sie fünf Styroporkugeln (Bastelbedarf), fünf etwa 20 mal 20 Zentimeter große Quadrate aus buntem Seidenstoff oder -papier sowie ein Holzkreuz. Je ein Quadrat binden Sie mit je einem Faden über eine Kugel. Der überhängende Stoff bzw. das Papier bildet ein leicht wehendes Kleidchen. Stellen Sie so fünf Feen her, befestigen Sie sie mit Fäden an dem Holzkreuz und hängen Sie das Mobile über das Bettchen oder den Wickeltisch an die Decke. Nun reicht ein leichter Luftzug, um die Feen zum Tanzen zu bringen.

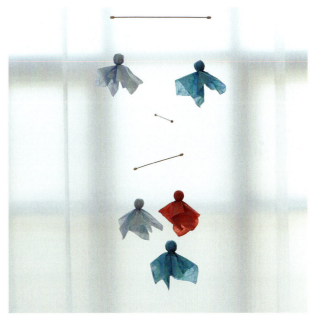

Tanz der Feen: Das Feen-Mobile aus Seide und Styroporkügelchen ist einfach zu basteln und fesselt die Aufmerksamkeit des Babys.

Such' meine Augen!

Beim Wickeln, Baden oder einfach nur kuschelig im Arm liegen: Locken Sie Ihr Kind mit Ihren Augen, stellen Sie einen intensiven Blickkontakt her. Vielleicht schenkt es Ihnen ein kurzes »Engelslächeln«, das im wahrsten Sinne nicht von dieser Welt ist. Denn dieses Lächeln ist noch keine willkürliche, bewusste Reaktion Ihres Babys – aber einfach zauberhaft.

Wie schmeckt die Welt?

Mit dem Mund und seiner Zunge nimmt Ihr Kind von Anfang an wahr. Diese Sensibilität können Sie durch sanftes Streicheln unterstützen. Umstreichen Sie deshalb immer einmal wieder den Mundbereich Ihres Kindes, sein Kinn, die Wangen und den Bereich zwischen Nase und Lippen, die sogenannten Nasenfalten. Massieren Sie dann kreisförmig und sanft die Kaumuskulatur Ihres Kindes in Höhe seines Kiefergelenks mit den Fingern. Lassen Sie Ihr Baby auch immer wieder an Ihrem kleinen Finger saugen. Das fördert seine Saug- und Trinkfähigkeit und sein Blick ist währenddessen auf Ihr Gesicht gerichtet.

Das bist ja du!

Ihr Baby liegt auf einer weichen Kuscheldecke oder einem Lammfell und kann Sie in aller Ruhe ansehen. Nun streicheln Sie immer nacheinander mit Ihren flachen Händen von seiner Brust über seinen Bauch. Führen Sie diese Bewegungen langsam und sanft durch. Wenn Sie möchten, können Sie Ihrem Kind dabei etwas vorsprechen, -summen oder -singen.

Lichtspiel

Hängen Sie eine Lichterkette (Baumarkt) mit sanftem hellem oder rotem Licht in das Babyzimmer und platzieren Sie die Lichtlein mit ausreichend Abstand und möglichst mittig wie etwa ein Mobile. So kann Ihr Kleines das Lichtspiel bequem aus der Rückenlage und ohne sein Köpfchen drehen zu müssen erspähen. Je ruhiger Sie sich dabei verhalten, desto besser und konzentrierter kann Ihr Baby sich mit dem Licht beschäftigen. Wenn es genug davon hat, wird es den Blick von selbst abwenden.

Bewegte Füßchen

Machen Sie sich keine Sorgen um kalte Füße, wenn Ihr Baby ohne Söckchen spielt: Bewegte Füßchen bleiben warm und entwickeln sich auf natürliche Weise. Außerdem können Sie immer mal wieder nach den Füßchen fassen und sie drücken und reiben. Ähnlich belebend wirkt leichtes Klopfen und Reiben der Handinnenflächen. Beruhigend hingegen wirkt ein fester Halt von Füßchen und Händchen. Ein ideales kleines Ritual zum Einschlafen!

»Ganz ruhig, mein Liebes!«

Wenn sich Ihr Kleines gar nicht beruhigen kann, versuchen Sie einmal Folgendes: Legen Sie Ihr Baby aufs Bett oder den Wickeltisch und schieben Sie Ihre flache Hand unter den Kopf Ihres Kindes. Die andere Hand hält sein Becken. Wenn Sie möchten, sprechen Sie leise mit ihm oder singen Sie ihm ein Lied vor, das es vielleicht schon aus der Schwangerschaft kennt. Bewegen Sie Ihr Kind dabei nur in der Vorstellung mit kaum sichtbaren Schaukelbewegungen und halten Sie Ihr Baby mehr als es zu bewegen.
Wahlweise legen Sie eine flache Hand unter das Becken Ihres Kindes und die andere darüber. Führen Sie mit der oben liegenden Hand nun sehr langsame und kaum sichtbare Streichelbewegungen durch. Atmen Sie selbst dabei ruhig und gleichmäßig durch, um so zur Ruhe zu kommen und sich ganz auf Ihr Kind zu konzentrieren. Je langsamer, desto beruhigender wirken diese »Bewegungen« auf Ihr Kind.

Es leuchten die Sterne

Im Spielzeuggeschäft oder im Bastelladen gibt es phosphoreszierende Sterne. Sie haben die wunderbare Eigenschaft, im Dunkeln zu leuchten. Diese Sterne können Sie an der Wand neben dem Bettchen Ihres Kindes befestigen. Oder Sie bohren kleine Löcher in die Sterne und basteln daraus ein Mobile, das Sie dann über das Bettchen oder den Wickeltisch hängen können. Ein faszinierender Blickfang.

Ich hab' dich ja so lieb

Legen Sie Ihr Baby bäuchlings auf Ihren Bauch und schauen es an. Dann streicheln Sie ihm sanft vom Kopf über den Rücken bis zum Po. Diese Streicheleinheit wirkt sehr beruhigend, tut gut und versöhnt Ihr Baby mit der in dieser Phase oftmals noch ungeliebten Bauchlage. Wenn Sie merken, dass es Ihrem Kleinen zu viel wird, drehen Sie es behutsam wieder auf den Rücken.

Meine rote Rassel

Rot ist eine Farbe, auf die Babys besonders lebhaft reagieren. Vielleicht auch deswegen, weil rötliche Töne Erinnerungen an die Zeit im Mutterleib wecken. Tatsächlich können bereits Neugeborene Rot von Gelb unterscheiden, Blau von Grün jedoch dagegen nicht.

Geeignet für dieses Blickfangspiel ist eine kleine Rassel mit bunten und roten Holzkugeln. Liegt Ihr Kind auf dem Rücken und hat sein Köpfchen zur Seite geneigt, so führen Sie die Rassel mit geringem Abstand langsam und ruhig an seine Augen heran. Dann versuchen Sie den Blick des Kindes bis etwa zur Mitte seines Körpers zu führen. Ganz nebenbei schult das Rasseln das Hören. Sie können die Rassel auch selbst aus einer durchsichtigen Plastikdose basteln, die Sie mit roten Perlen füllen und gut mit Klebeband verschließen.

Blickfang: Rot ist die Farbe, die Babys schon sehr früh erkennen können. Halten Sie beim Zeigen der Rassel ausreichend Abstand.

Ruhepunkte

Angenehm für Ihr Baby, wenn es nicht so leicht zur Ruhe kommt, kann die Berührung folgender Akupressurpunkte – das sind bestimmte Punkte auf dem Körper, die energetisch wirksam sind – sein: Berühren Sie mit einer Fingerspitze den Punkt direkt über der Nasenwurzel Ihres Babys. Halten Sie den Finger dort für zwei bis drei Atemzüge. Oder berühren Sie die kleine Fläche genau zwischen Nase und Mund. Der sanfte Druck auf das Lippengrübchen wirkt entspannend und Ihr Kind kann sich leichter innerlich sammeln.

MEILENSTEIN 2: ERSTES LÄCHELN

Mit dem ersten bewussten Lächeln, das Ihr Baby Ihnen schenkt, lässt es sich einige Wochen lang Zeit. Meistens ist es mit sechs Wochen so weit. Als erstes lächelt Ihr Baby die Menschen an, die es am meisten liebt: Das sind Sie! Den meisten Eltern bleibt dieser wunderschöne Moment unvergessen. Jetzt beginnt die Zeit, in der Ihr Baby von sich aus bewusst Kontakt mit Ihnen aufnimmt und Sie mit seinem Lächeln immer wieder bezaubert.

2 *ERSTES LÄCHELN*

»Ich hab' dich lieb.«

Babys können schon nach einigen Wochen sehr gut zwischen solchen Menschen unterscheiden, die ihnen vertraut sind und bei denen sie ein gutes Gefühl haben, und solchen, die sie nicht kennen. Schon ein Säugling, der erst wenige Wochen alt ist, ist in der Lage, Gesichter zu identifizieren, Stimmen auseinanderzuhalten und seine Eltern an ihrem Duft zu erkennen. Auch an dem immer gleichen Griff, mit dem es gehalten wird, erkennt Ihr Kind, auf wen es sich gut verlassen kann.

LÄCHELN VERBINDET IN GANZ BESONDERER WEISE. Ihr Baby beherrscht diese Kunst mit sechs Wochen. Der Kontakt und die Bindung zu den Menschen, die sich um es kümmern, ist für ein Baby das Wichtigste auf der Welt. In Kontakt treten wir durch unsere Mimik, durch Berührung und durch den Klang der Stimme. Sogar ein Neugeborenes ist schon bald nach seiner Geburt in der Lage, Gesichter nachzuahmen. Sein Gesichtchen ist ständig in Bewegung und probiert die unterschiedlichsten mimischen Ausdrücke aus.

Dabei kommt es mitunter auch zu einem Mienenspiel, das noch nicht ganz von dieser Welt, aber höchst zauberhaft ist: das sogenannte »Engelslächeln«. Diese noch unbewusste und immer ein wenig verträumt wirkende Miene verschenkt Ihr Kind gewissermaßen, da es ihm jetzt noch nicht möglich ist, jemand bestimmten anzulächeln.

Wenn ein Engel lächelt

Um durch einen mimischen Gesichtsausdruck Kontakt mit einem anderen Menschen aufzunehmen, braucht Ihr Baby ein Gegenüber, das es als eigenständiges Wesen erkennt. Dazu muss sein Gehirn weiter reifen. Sobald es dann dazu in der Lage ist – das ist bei allen Kinder auf der Welt zwischen der vierten und sechsten Woche der Fall – kommen die Menschen, die es umsorgen und die es liebt, immer öfter in den Genuss dieses »sozialen« Lächelns: Das Baby lächelt dann nach intensivem Blickkontakt erst flüchtig und dann immer öfter und bereitwilliger. Dieses erste Lächeln ist ein wichtiges Zeichen für die geistige und soziale Entwicklung Ihres Kindes. Seine Augen sind dabei immer mitbeteiligt. Doch auch blinde Babys lächeln zwischen der vierten und sechsten Woche, wenn sie gestreichelt werden oder etwas hören, das ihnen gefällt. So festigt sich das liebevolle Band zwischen Eltern und Kind. Mit dem ersten Lächeln kommen dann auch die ersten Laute: Dabei lauscht Ihr Baby oft hingebungsvoll seiner eigenen Stimme. So beginnt es, sich selbst wahrzunehmen.

2 ERSTES LÄCHELN

Schau', was ich schon kann

- › Ihr Baby hält nun in Rückenlage seinen Kopf in Mittelstellung – mindestens zehn Sekunden lang.
- › Liegt es auf dem Bauch, so kann Ihr Kind sein Köpfchen etwa drei Sekunden lang hochhalten.
- › Seine Hände sind meistens noch geschlossen. Der Daumen befindet sich jetzt aber außerhalb der Faust.
- › Ihr Baby kann jetzt seine beiden Hände gegenseitig berühren. Zuerst tut es dies mit seinen Fingerspitzen. Ein Zeichen dafür, dass die so genannte Hand-Hand-Koordination einsetzt.
- › Ihr Kind zeigt nun für kurze Zeit die so genannte Fechterstellung (siehe Seite 35), wenn es etwas Interessantes entdeckt.
- › Wenn Ihr Kind ein Gesicht erblickt, hält es in seinen Bewegungen einen Augenblick inne.
- › Es kann mit seinen Augen eine rote Rassel nach beiden Seiten verfolgen.
- › Es spricht Vokallaute zwischen »a« und »ä« aus, die es häufig mit einem »h« verbindet.
- › Es schenkt Ihnen sein erstes soziales Lächeln.

Die Neugier erwacht

Durch seinen sich immer weiter entwickelnden Geruchs- und Geschmackssinn, durch sein intensives Hören und alles, was es zu Gesicht bekommt, wächst die Neugier Ihres Babys. Dazu gehört auch sein stetig wachsendes Bedürfnis nach Bewegung und danach, etwas in seinen Besitz zu bekommen, es anzufassen – und sich möglichst einzuverleiben. Das zeigt sich auch in einer weiteren Fähigkeit, die sich jetzt ausbildet: die so genannte Hand-Hand-Koordination. Sie ist ein deutlicher Hinweis auf einen gelungenen seelischen, geistigen und auch motorischen Entwicklungsstart. Zuerst berührt Ihr Kind dabei die Fingerspitzen seiner anderen Hand. Dann ertastet es seine Händchen immer mehr und sieht sie sich auch sehr genau an. Hier handelt es sich um einen wichtigen Akt, durch den Ihr Kind lernt, sich zu spüren und sich auf diese Weise selbst kennenzulernen. Später entdeckt Ihr Baby dann mit seinen Händen seine Lippen und seinen Mund und beginnt an Fingern und Händchen zu saugen. So lernt es durch den Mund seine Hände und durch seine Finger seinen Mund kennen.

In der sechsten Woche lässt der Greifreflex nach. Damit er nicht unnötig ausgelöst wird, geben Sie Ihrem Baby bitte keine Gegenstände in die Hand. Erst wenn der Reflex erloschen ist, kann das erste bewusste Greifen erfolgen. Ihr Baby wird etwa im vierten Monat selbst damit beginnen, bewusst nach Gegenständen zu greifen.

Jetzt bin ich ganz da!

Ein weiterer wichtiger Entwicklungsschritt, den Ihr Baby jetzt vollzieht, ist die wachsende Wahrnehmung seiner Umwelt. Die Begeisterung für alles neu Entdeckte spiegelt sich in der sogenannten Fechterstellung. Diese zeigt sich gegen Ende der sechsten Woche und bleibt bis zur achten Woche. Dabei dreht Ihr Kind den Kopf hin zu einer neuen Entdeckung oder zu einem Geräusch, hält zugleich in seinen Bewegungen inne und streckt einen Arm genau in die Blickrichtung. Den anderen Arm winkelt es – wie ein Fechter auf dem Sprung – nach oben ab.

Alles gut im Blick

Um seinen Horizont zu erweitern scheut Ihr Baby auch vor höchsten Anstrengungen nicht zurück. Jetzt wird es versuchen, sich aus der Bauchlage aufzurichten. Wichtig ist dabei, dass Ihr Kind von Anfang an – unter Aufsicht von Mama oder Papa – an die Bauchlage gewöhnt ist.

Aus dieser Position heraus entsteht dann die Fähigkeit zur späteren Aufrichtung. Je besser Ihr Kind an die Bauchlage gewöhnt ist, desto leichter korrigiert sich auch eine asymmetrische Körperhaltung. Lassen Sie Ihr Kind deshalb immer wieder auf dem Bauch liegen, so lange es möchte.

So unterstützen Sie Ihr Baby am besten

Nur ein Kind, das liebevoll angelächelt wird, lächelt auch zurück. Genießen Sie deshalb Ihre ersten stummen Zwiegespräche mit Ihrem Kleinen, so oft es dazu Lust hat. Jeden Tag wird die Neugier Ihres Babys auf die Welt größer. Die spannendste Entdeckung macht es jedoch mit sich selbst: Jetzt beginnt Ihr Kind sich und seinen Körper wahrzunehmen.

Bunte Bälle: Staunend entdeckt Ihr Baby die Welt. Die bunten, schwingenden Bälle über dem Wickeltisch fesseln seine Aufmerksamkeit.

Guck' mal, was da hängt

Hängen Sie an einer geraden Stange, zum Beispiel an einem Kochlöffel oder einem Kleiderbügel, drei Bälle auf (Durchmesser ca. 5 bis 10 Zentimeter). Die Bälle können aus Schaumstoff oder Holz sein, gefilzt oder auch umhäkelt und sollten unterschiedliche Farben haben, zum Beispiel Rot, Blau und Gelb. Hängen Sie die Bälle in unterschiedlicher Höhe auf und befestigen Sie die Stange mittig und in etwa 20 bis 30 Zentimeter Höhe über dem Bettchen oder dem Wickeltisch.

Drei Bälle in Bauchlage

Auch aus der Bauchlage heraus betrachtet Ihr Baby gerne die bunten Bälle. Hängen Sie dazu den Bügel mit den Bällen zum Beispiel an einen Stuhl, legen Sie davor die Krabbeldecke und Ihr Kind auf dieser Unterlage auf den Bauch. So kann es sich die spannenden Kugeln in aller Ruhe ansehen.

Wasserball-Mobile

Eine ganz einfache Variante für ein erstes Mobile ist ein aufgeblasener Wasserball in leuchtenden Farben. Er sollte einen Durchmesser von etwa 30 Zentimetern haben. Befestigen Sie ihn an einem kräftigen Faden über der Wickelkommode, sodass er etwa 20 bis 30 Zentimeter über Ihrem Baby und in Höhe seines Bauchnabels hängt.

Katzenmama mit Kind

Schneiden Sie aus rotem Tonpapier die Form einer großen und einer kleinen Katze aus. Anschließend schneiden Sie aus dem Papier eine längere und eine kürzere Spirale, die Sie mit Klebstoff als Schwänze an den Papierkatzen befestigen. Hängen Sie die beiden Tierchen an die Decke, so drehen sie sich und werden Ihr Baby begeistern. Achten Sie auch hier darauf, dass Ihr Baby beim Hochsehen sein Köpfchen nicht nach hinten überstreckt.

Schwingende Schleifchen

Binden Sie an einen schmalen Kleiderbügel verschiedenfarbige Bänder. An diese knüpfen Sie kleine Schleifchen, die sich bei jedem Luftzug bewegen. Das Mobile können Sie über die Wickelkommode oder das Bettchen Ihres Babys hängen.

»Hallo, ich bin es!«

Ihr Baby liegt auf dem Wickeltisch oder seiner Krabbeldecke. Schauen Sie ihm in die Augen und nehmen Sie seine Händchen auf. Dann führen Sie seine Hände zu Ihrem Gesicht und öffnen dabei die Fingerchen. Die Handflächen Ihres Kleinen ruhen dann auf Ihren Wangen. Erzählen Sie Ihrem Kind etwas, singen oder summen Sie ihm etwas vor. Seinen Kopf sollte Ihr Baby dabei immer in der Mitte halten.

Schöne Aussichten

Legen Sie Ihr Kind bäuchlings auf ein Keilkissen oder auf einen leeren Aktenordner, den Sie mit einem weichen Handtuch oder einer Decke polstern. Der Oberkörper Ihres Babys liegt auf dem »dickeren Ende« und seine Arme auf der Schräge. Nun legen Sie Ihre Hand auf den Po Ihres Babys und üben sanften Druck aus. So kann es die Aussicht gleich besser genießen. Wenn Sie ihm nun noch einen Spiegel anbieten, ist die Neugier geweckt!

Mir dir ist es am schönsten

So wird Ihr Baby die Bauchlage lieben lernen. Legen Sie sich Ihr Baby so auf den Bauch bzw. die Brust, dass Sie ihm ins Gesicht lächeln können. Dann erzählen Sie ihm etwas, sprechen Sie mit ihm, streicheln es oder singen ihm ein Lied vor. Damit Ihr Kind sich gut aufrichten kann, können Sie es mit Ihren Händen am Po abstützen.

In Bauchlage: Auf Papas Bauch ist es einfach am schönsten! So vergisst Ihr Baby rasch, wie anstrengend die Bauchlage eigentlich ist.

Hallo, mein Liebling!

Nichts ist interessanter für Ihr Kleines als ein zugewandtes, lebhaftes Gesicht, lächelnde Augen und aufmunternde, sanfte Worte. Versuchen Sie, den Blick Ihres Baby immer wieder von oben aus der Mitte auf sich zu richten und führen Sie eine kleine Zwiesprache mit ihm. Für Ihr Baby bedeutet das trotz allen Amüsements auch eine hohe Konzentrationsleistung. Es wird deshalb anfangs schnell erschöpft sein. Aber Babys spüren immer, wann es ihnen zu anstrengend wird und wenden sich dann ganz von selbst ab, um ihre Ruhe zu haben.

Papa ist der Beste: Es gibt kaum etwas, was Ihr Baby zu größeren Begeisterungsstürmen hinreißt als Ihr liebes, zugewandtes Gesicht.

Gymnastik mit Baby

Führen Sie Ihre Rückbildungsgymnastik ruhig mit Ihrem Baby zusammen durch. Wenn Sie zu Hause üben, legen Sie Ihr Kleines einfach neben sich auf seine Krabbeldecke. Von hier aus wird es Ihnen sehr interessiert zuschauen, oder Sie lassen es – sofern es sich bei einer Übung anbietet – sogar »mitturnen«. Ideal sind dazu alle Übungen, die Sie in Rückenlage durchführen. Dabei kann Ihr Baby beispielsweise auf Ihrem Bauch liegen. Aber auch Beckenbodenübungen auf einem großen Pezzi-Ball, bei dem Sie Ihr Kleines auf dem Schoß haben, machen gemeinsam Spaß.

Zeit zum Kuscheln

Schon bald nach seiner Geburt können Sie mit Ihrem Baby auch auf Ihrem Schoß spielen. So erlebt Ihr Kleines Nähe und Geborgenheit, findet leichter in seine Mitte und lernt so auch, den Blickkontakt zu halten. Setzen Sie sich dazu auf den Boden, auf das Sofa oder Bett und lehnen sich bequem an. Die Beine stellen Sie etwas auf. Jetzt kann Ihr Kind leicht erhöht und in Rückenlage mit angebeugten Beinchen auf Ihren Oberschenkeln liegen, wobei sein Po Ihren Bauch berührt. Wenn Sie ein Lammfell oder eine weiche Decke unterlegen, wird sein Lager noch kuscheliger. In dieser Position können Sie sich mit Ihrem Kleinen unterhalten, ihm etwas vorsingen oder es einfach nur liebkosen und anlächeln.

Hallo, ihr kleinen Füße

Ihr Kleines liegt auf dem Wickeltisch oder auf seiner Krabbeldecke und wirkt wach und unternehmungslustig. Zeigen Sie ihm, was es mit seinen Füßen alles anstellen kann. Beugen Sie dazu leicht seine Beinchen und lassen es mit seinen Füßen Ihr Gesicht abtasten. Dabei können Sie seine Füße auch streicheln, anblasen oder daran schnuppern.

Und hier sind deine Händchen

Zur Abwechslung können Sie auch die Händchen Ihres Babys ergreifen und sie in der Mitte vor seinem Körper sanft zusammenbringen. Streicheln Sie ihm mit seinen Händen leicht über Bauch und Gesicht und sprechen Sie mit ihm: »Schau, das sind deine Händchen und das ist dein Gesicht!« Streicheln Sie immer mal wieder über den Handrücken der kleinen Fäustchen, um Ihr Kind zu veranlassen, sie zu lösen.

In die Mitte kommen

Legen Sie Ihre beiden Hände übereinander auf den Bauch Ihres Babys. So lernt es leichter, seine Mitte zu spüren. Dann können Sie im Wechsel einmal eine Hand auf die rechte Seite Ihres Kindes legen und danach die andere auf die linke. So spürt das Kind eine Gewichtsverlagerung und kann seinen Körper intensiver wahrnehmen. Für dieses kleine Spiel können Sie Ihrem Kind auch ein kleines Keilkissen unter den Kopf legen. Dabei kann es sich dann mit seinen Beinen an Ihrer Brust bzw. Ihrem Bauch abstützen. In dieser Lage fällt es ihm besonders leicht, den Blickkontakt mit Ihnen zu halten. Gleichzeitig werden seine Bauchmuskeln trainiert. Statt einem Keilkissen können Sie auch einen dicken Aktenordner verwenden, auf den Sie eine weiche Decke legen.

Das kitzelt: Lustig und kitzelig ist eine Massage der kleinen Füßchen. Gleichzeitig lernt Ihr Baby so seinen Körper kennen.

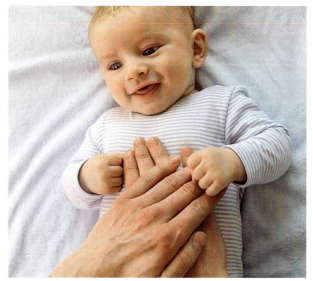

In der Mitte: Diese kleine Übung hilft Ihrem Kleinen, leichter in seine Mitte zu kommen und stärkt das Band Ihrer Zuneigung.

MEILENSTEIN 3: KOPFKONTROLLE

*In den ersten Lebenswochen macht das Köpfchen
Ihres Babys ein Viertel seines Körpergewichts aus.
Kein Wunder, dass das Heben des Kopfes in dieser
Zeit noch schwer fällt und einiges an Übung verlangt.
Die beginnende Kopfkontrolle ist ein bedeutender
Entwicklungsschritt in Richtung Selbstständigkeit.
Er wird zur Aufrichtung gegen die Schwerkraft führen.*

3 KOPFKONTROLLE

»Hier bin ich!«

Langsam ist die Rumpfmuskulatur Ihres Babys so gut ausgebildet, dass ihm die Bauchlage zunehmend leichter fällt. Und dann sieht die Welt auch schon ganz anders aus als immer nur von der Rückenlage aus betrachtet. Ihr Baby ist jetzt in der Lage, sich zunehmend selbständiger zu bewegen. Deshalb ist ein Merkmal dieser Zeit ein regelrechter »Bewegungssturm«.

DIE MEISTEN KINDER ERREICHEN DIESEN MEILENSTEIN am Ende des zweiten Monats. War in der Neugeborenenzeit die Auflagefläche Ihres Babys noch groß und instabil, so verkleinert sie sich im Lauf der Bewegungsentwicklung immer mehr – schließlich verbessert sich von Tag zu Tag sein Gleichgewicht. Liegt es auf dem Rücken, so wandert der Körperschwerpunkt immer mehr in Richtung Kopf und in der Bauchlage in Richtung der Füße. Deswegen kann Ihr Kind, wenn es auf dem Rücken liegt, seine Arme und Beine besser von der Unterlage abheben.

Liegt es auf dem Bauch, kann es seinen Kopf schon viel leichter gegen die Schwerkraft stemmen. Jetzt reift die sogenannte Kopfkontrolle heran. So bezeichnet man die automatische Reaktion des Kopfes, sich durch eine Art »innere Wasserwaage« senkrecht im Raum einzustellen und ohne Unterstützung zu halten. Mit neugierigen Augen erspäht Ihr Baby so einen interessanten Gegenstand. Um ihn in Augenschein zu nehmen, wird es beginnen, sich mit seinen Unterarmen aufzustützen. Dass das echte Schwerstarbeit für Ihr Baby ist, erkennen Sie an seinem Gesichtsausdruck. Die Stirn legt sich dabei in Falten und die Augen sind weit geöffnet. Doch es lohnt sich: schließlich hat es so eine Perspektive mehr gewonnen.

Wichtig *Vermeiden Sie bitte die Übung, bei der Sie Ihr Kind an den Händen in den Sitz ziehen. Sie sollte allein Ihrem Kinderarzt vorbehalten bleiben. Zum einen wird dabei unnötigerweise der Greif-Reflex ausgelöst, zum anderen lernt Ihr Baby dabei weder das Sitzen, noch werden seine Bauchmuskeln trainiert. Zudem wird die Wirbelsäule unnötig gestaucht.*

3 KOPFKONTROLLE

Schau', was ich schon kann

- › Ihr Baby kann seinen Kopf in Bauchlage etwa 10 Sekunden lang und mindestens in einem Winkel von 45 Grad hoch halten.
- › Wenn Sie Ihr Kind aufrecht halten, kann es seinen Kopf etwa fünf Sekunden oben halten.
- › Die Hände Ihres Kindes sind jetzt häufiger geöffnet und finden selbstständig zum Mund (Hand-Mund-Koordination). Sie berühren sich nun gegenseitig und jeweils mit der vollen Fläche.
- › In Rückenlage kann es die Fersen kurz von der Unterlage abheben.
- › Wenn Ihr Kind einen Glockenton hört, hält es sofort mit seinem Blick oder in seiner Bewegung inne.
- › Seine Arme und Beine bewegen sich ungleichmäßig. Ein Bewegungssturm setzt ein, wenn es Sie erblickt.
- › Ihr Baby lautiert mit Kehllauten: »e-che, ek-che, e-rrhe«.
- › Es kann ein bewegtes Gesicht mit seinem Blick fixieren und ihm folgen.
- › Die Reflexe werden zunehmend abgebaut: Sobald seine Füße eine Unterlage berühren, zeigt Ihr Baby keine Schreitbewegungen mehr.

Köpfchen hoch!

Natürlich ist die Art der Bewegung noch nicht zielgenau und Ihr Baby wendet sich immer mit seinem ganzen Körper zu oder ab, wenn es irgendetwas Spannendes in seinem Umfeld wahrnimmt. Das nennt man fachsprachlich Massenbewegung. Es zeigt jetzt auch eine sehr ausgeprägte Mimik. Lassen Sie Ihr Kind bitte nie unbeaufsichtigt auf dem Sofa, dem Wickeltisch oder einer unsicheren Unterlage liegen, um die Gefahr eines Sturzes zu vermeiden. Richtig gut gegen die Schwerkraft kann Ihr Baby seinen Kopf dann mit etwa sechs Monaten halten.

Geliebte Fingerspiele

In der achten Woche beginnt Ihr Säugling eines Tages ganz von selbst mit Fingerspielen. Die sogenannten Massenbewegungen – also das Zu- und Abwenden des ganzen Körpers – hören mit der selbstständigen Beschäftigung mit dem eigenen Körper auf, und Ihr Kind fängt damit an, sich bewusst und gezielt zu bewegen. Das lässt sich als erstes an den Augen erkennen, die nicht mehr an der Massenbewegung beteiligt sind. Es ist sehr bewegend, dem Baby dabei zuzusehen, wie es staunend seine Hände vor sein Gesicht bringt, dann seine Fingerspitzen berührt, dann seine Finger und zuletzt seine ganze Hand. Dabei können Sie beobachten, dass es seinen Daumen mit der Zeit immer mehr abspreizen wird. Auch die Beine sind bei diesem schönen Spiel mitbeteiligt. Ihr Baby zieht sie zunächst noch etwas an seinen Körper heran und drückt seine Fersen fest in die Unterlage, auf der es liegt. Besonders wichtig für Ihr Kind ist jetzt, dass es beim Spiel mit sich selbst nicht gestört wird. Jede Ablenkung lässt es die Entdeckungsreise unterbrechen.

Gegen die Schwerkraft: Ausgeruht, putzmunter und dann noch etwas Spannendes im Blickfeld: So gelingt das Heben des Köpfchens.

So unterstützen Sie Ihr Baby am besten

Streicheleinheiten machen Ihr Kind glücklich, regen zugleich seine Gehirnentwicklung an und sind eine Wohltat für die kleine Seele. Gönnen Sie Ihrem Baby jeden Tag so viel Liebe und Zuwendung wie nur möglich. Jede Ihrer liebevollen Berührungen tut ihm gut und hilft ihm bei seiner gesunden Entwicklung. Ihr Gesicht betrachtet Ihr Kind in diesem Alter immer noch am liebsten, und jedes Lächeln von Ihnen macht es glücklich.

Was hängt denn da am Schnürchen?

Knüpfen Sie quer über das Bettchen eine Schnur oder ein Band und hängen Sie verschiedene Gegenstände daran, die Ihr Kind aus seiner Liegeposition gut sehen kann. Am besten hängen Sie das Band etwa in Brusthöhe Ihres Kindes auf. Seien Sie bei der Auswahl der Betrachtungsstücke kreativ: Sehr interessant für Ihr Kleines sind beispielsweise eine Feder, ein Schwamm, ein kleiner Spiegel oder eine rote Schleife. Weniger ist dabei mehr, damit Ihr Kind in Ruhe jedes Stück für sich betrachten kann und es nicht ständig durch eine weitere Kleinigkeit abgelenkt wird. Wenn Ihr Kind dann vor Begeisterung beginnt, mit seinen Armen und Händen zu rudern, achten Sie darauf, dass alle Gegenstände hoch genug hängen, damit Ihr Baby nicht daran hängen bleibt.

Klangvoll: Dem Schlüsselbundgeklapper zuzuhören macht fast genauso viel Spaß wie an den Fingern und Fäusten zu nuckeln.

Spaß mit Klängen

Sehr unterhaltsam ist auch ein Spiel mit Klängen, solange Ihr Baby dazu Lust hat. Lassen Sie dabei einmal am rechten, dann am linken Ohr Ihres Kindes einen bestimmten Ton erklingen. Das kann mit einer Rassel geschehen, einem Glöckchen oder einem Schlüsselbund. Wechseln Sie die Gegenstände nicht zu rasch und zeigen Sie Ihrem Kind den Gegenstand, nachdem Sie seinen Ton »vorgeführt« haben.

Knister, knister

Ein zusammengeknülltes Knisterpapier macht Ihrem Baby viel Spaß. Am besten eignen sich dazu Butterbrotpapier oder die Folie, die sich im Verbandskasten als Wärmeschutzdecke befindet. Sie ist äußerst reißfest. Knistern Sie immer nur auf einer Ohrseite Ihres Kindes und wechseln Sie dann langsam zur anderen. So kann Ihr Baby seinen Blick oder auch schon seinen Kopf der spannenden Geräuschquelle zuwenden.

Trockenplantschen

Zur Unterstützung der Bauchlage nehmen Sie ein kleines Kinderplantschbecken, blasen es auf und legen bunte Bälle hinein. Nun legen Sie Ihr Baby in Bauchlage so über den Rand des Beckens, dass seine Unterarme auf dem Boden aufliegen. Interessiert wird es die Bälle betrachten.

Halt geben

Ein aufgeblasener Schwimmreifen schenkt Ihrem Kind Begrenzung und es kann sich darin gut spüren. Breiten Sie dazu ein Handtuch über den Schwimmreifen und legen Sie Ihr Baby in die Mitte. Auf diese Weise nähern sich Arme und Beine einander an. Es kann seine Hände leichter zusammenbringen und findet Unterstützung für seinen Kopf.

»Mausi« und »Fischlein«

Nähen Sie auf einen braunen und einen blauen Waschlappen schillernde Knöpfe oder rote Holzperlen für die Augen. An das braune Mäusegesicht nähen Sie aus Stoffresten noch zwei Ohren. Füllen Sie die Waschlappen mit Reis oder Sand und nähen Sie sie unten zu. Sie können sie auch über ein Extrasäckchen ziehen und unten mit einem Knopf verschließen, das hat den Vorteil, dass Sie die Maus oder den Fisch in der Waschmaschine waschen können. Mausi und Fischlein werden so zu geliebten Schmuse- und Massagetierchen. Wenn Sie möchten, singen oder sprechen Sie Ihrem Kleinen beim Massieren mit Mausi und Fischlein das folgende Lied vor: »Erst kommt der Mäusepapa. Dann kommt die Mäusemama. Und hinterdrein, ganz klitzeklein, die Mäusekinderlein. Und hinterdrein, ganz klitzeklein, die Mäusekinderlein.« (Nach der Melodie von: Erst kommt der Sonnen-Käfer-Papa ...«)

Hallo kleine Maus: Eine kleine selbstgemachte Maus als Wohlfühlmassage-Handschuh für einen kleinen, vergnügten Mäuserich.

Flatterhaft: Jeder Lufthauch verändert das Aussehen des schwebenden Tuchs – ein tolles Spiel, um die Aufmerksamkeit zu fesseln.

Kuschelig: Auf Mamas Oberschenkeln zu liegen ist sehr gemütlich, vor allem, wenn Sie Ihrem Baby dabei noch etwas erzählen oder vorsingen.

Wind, Wind wehe…

Pusten Sie Ihr Baby beim Wickeln sanft an oder umhüllen Sie es mit einem leichten, weichen Seidentuch. Sie können auch mit einem Tuch für ein wenig Wind sorgen oder einfach mit einer frischen Windel wedeln. Führen Sie alle Bewegungen sanft, weich und langsam aus. So sind sie angenehm für Ihr Kind. Auch ein Föhn eignet sich, um das Kind warm zu umhüllen und durch das monotone Geräusch auch etwas müde werden zu lassen. Halten Sie dabei ausreichend Abstand.

Wechselspiel

Legen Sie Ihr Kind auf Ihre angewinkelten Oberschenkel und unterhalten Sie sich mit ihm oder singen Sie ihm etwas vor. Ihr Kind wird Sie dabei neugierig betrachten und immer wieder seinen Kopf in die Mitte bringen. Neigen Sie sich nun langsam zuerst zu der einen, dann zur der anderen Seite. Ihr Kind wird diese Schaukelbewegungen mit seinen Augen oder mit dem ganzen Köpfchen verfolgen. Sie können seine Aufmerksamkeit auch mit einem Spielzeug fesseln und dieses langsam hin und her bewegen.

Körper-Streichelspiel

Ihr Kind liegt auf dem Rücken – bequem in seinem »Nestchen« oder bei Ihnen auf dem Schoß. Unbekleidet fühlt sich Ihr Kind in einem angenehm temperierten Raum am wohlsten. Nehmen Sie jetzt Blickkontakt mit Ihrem Baby auf, lächeln Sie es an und nehmen seine Händchen behutsam in die Ihren. Führen Sie seine Ärmchen nun nach oben in Richtung seines Kopfes und streicheln Sie seine Hände sanft über sein Gesicht von oben nach unten. Achten Sie dabei darauf, dass die Hände geöffnet sind. Führen Sie dann seine Händchen zu seinem Bauch. Zeigen Sie ihm seine Arme und Beine, seinen Mund und seine Ohren. Anschließend zeigen Sie ihm auch Ihre Hände, Ihre Nase, Ihre Ohren und Ihren Mund mit seinen Händen. Ihr Kind wird begeistert sein.

Das ist der Daumen, ...

Mit Fingerspielen und Reimen machen Sie Ihrem Kind die sanften, feinen Tastbewegungen noch besser bewusst. Bringen Sie dabei die Finger Ihres Babys vor seinem Körper zusammen. Berühren Sie jede einzelne und benennen Sie sie.

Wasserball-Gymnastik

So trainiert Ihr Kleines seine Bauchmuskeln: Nehmen Sie einen mittelgroßen Wasserball und legen ihn auf den Bauch Ihres Babys. Üben Sie leicht Druck damit aus. Ihr Baby spannt reflexartig seine Bauchmuskeln an und rudert mit Armen und Beinen Richtung Ball. Außerdem sieht es Ihr freundliches Gesicht und hat jede Menge Spaß dabei! Geeignet ist die leichte Übung ab der sechsten Woche.

Übung für's Köpfchen

Ihr Baby liegt in Rückenlage auf dem Wickeltisch. Es stützt seine nackten Fußsohlen an Ihrem Bauch ab. Jetzt fassen Sie sanft mit beiden Händen die Schultern Ihres Kindes und drücken mit einer leichten Bewegung nach unten in Richtung seines Beckens. Dabei streckt Ihr Kind seinen Nacken und bringt sein Kinn zur Brust. Auf diese Weise trainieren Sie die Bauchmuskeln Ihres Babys.

Baby-Liegestütz

Setzen Sie sich bequem auf den Boden oder auf einen Stuhl. Legen Sie Ihr Kind quer über Ihre Oberschenkel und geben Sie ihm mit Ihren Händen Halt an seinen Oberarmen, am Becken oder am Po. Heben und senken Sie nun ein wenig den Oberschenkel, auf den sich Ihr Baby stützt. So senkt sich sein Körperschwerpunkt nach hinten in Richtung seiner Füße und es kann sein Köpfchen besser heben. Achten Sie darauf, dass

Kleiner Entdecker: Von Woche zu Woche fällt es Ihrem Kleinen leichter, sein Köpfchen zu kontrollieren und mehr und mehr zu entdecken.

Ihrem Baby das Üben Spaß macht und gönnen Sie sich anschließend eine Extra-Kuscheleinheit.

Ich zeig' dir was

Ihr Baby liegt in Bauchlage auf dem Wickeltisch. Legen Sie Ihr Kind nun über Ihren Unterarm und helfen Sie dabei, seine Ärmchen nach vorne zum Stützen zu bringen. Zeigen Sie ihm nun einen Spiegel, in dem es sich ansehen kann. Eine hochinteressante Begegnung!

Erzähl' mir eine Geschichte

Sie können Ihr Baby auch so in Bauchlage auf den Wickeltisch legen, dass es Sie erblicken kann. Das ist mindestens genauso schön wie das eigene Spiegelbild. Erzählen Sie ihm eine Geschichte oder singen Sie ihm ein kleines Liedchen vor. Ihr Kind wird dabei sein Köpfchen heben und Ihnen aufmerksam zuhören. Sie können Ihr Baby dabei auch sanft an seinen Oberarmen unterstützen.

MEILENSTEIN 4: UNTERARMSTÜTZ

Wenn Sie Ihr Baby jetzt auf seinen Bauch legen, kann es sich schon einigermaßen gut auf seinen Unterarmen abstützen. Und der Ehrgeiz, seine Umwelt zu erkunden und daran teilzuhaben, wächst von Tag zu Tag! Wenn ihm alles zu viel wird, zeigt Ihr Kind das prompt durch lautstarken Protest. Dann sind wieder eine entspannte Rückenlage und Kuscheln angesagt.

4 UNTERARMSTÜTZ

»Hallo Welt!«

Das schönste Spielzeug Ihres Babys sind jetzt seine Finger und Händchen. So warm und weich und immer hochinteressant anzusehen. Vor allem wenn sie sich berühren und beginnen, miteinander zu spielen. Jetzt setzt die Hand-Hand-Koordination ein. Manche Kinder schlafen jetzt schon durch und sind ganz in dieser Welt gelandet. Auch Mama und Papa haben an Sicherheit gewonnen und können ihrem Kleinen ganz entspannt dabei zusehen, wie es anfängt, seine Umwelt immer mehr zu begreifen.

AM ENDE SEINES DRITTEN LEBENSMONATS HAT SICH Ihr Baby schon sehr gut an seine neue Umgebung gewöhnt. Nahrungsaufnahme und Verdauung haben sich aufeinander eingestellt, sodass Ihr Baby immer seltener unter Bauchweh leidet und nun regelmäßig an Gewicht zulegen kann. Manchmal funktioniert auch schon – zur großen Freude der übermüdeten Eltern – der Schlaf- und Wachrhythmus und Ihr Kind beginnt immer öfter durchzuschlafen. Das abendliche Schreistündchen fällt schwächer aus oder verschwindet sogar ganz. Die meisten Eltern gehen jetzt schon sehr routiniert und sicher mit ihrem Kleinen um und haben gelernt, seine Signale richtig zu deuten, was alles viel, viel leichter macht. Jetzt beginnt die Entdeckerzeit Ihres Babys! Intensiv erforscht es seinen Körper, betrachtet und dreht seine Händchen und spielt mit den Fingern. Nun sind vor allem Mama, Papa und Geschwister mit ihren liebevollen Stimmen und ihrem freundlichem Gesichtsausdruck faszinierend und ein Quell der Freude.

Ganz in deiner Mitte

Mit diesem Meilenstein findet Ihr Baby zur Symmetrie. Es kann jetzt gerade liegen und hat ein Gefühl für seine Körpermitte, da die Entwicklung seiner Wirbelsäule – im Liegen – abgeschlossen ist. So kann es auf der Krabbeldecke oder dem Wickeltisch Arme und Beine frei bewegen, während sein Rumpf stabil bleibt und das Becken gut auf der Unterlage aufliegt. Der Weg für eine intensive Hand-Hand- und Hand-Mund-Koordination ist damit frei. Außerdem kann es seine Beine rechtwinklig anheben, strampeln und so interessiert die Bewegungen seiner Füße verfolgen. Ihr Baby ist jetzt in der Lage, seinen Kopf und seine Augen zu bewegen, ohne den Körper mitzudrehen. Schulter- und Hüftgelenke können sich jetzt drehen, weil sie sich vom Scharnier- zum Kugelgelenk weiterentwickelt haben. Ihr Baby kann jetzt selbstständig seine Hände vor dem Gesicht zusammenbringen, sie betrachten und sich nach Belieben in den Mund stecken (Hand-Auge-Mund-Koordination).

Schau', was ich schon kann

- › Ihr Baby ist in der Lage, seinen Kopf in Bauchlage in einem Winkel zwischen 45 und 90 Grad hochzuhalten
- › Es kann sein Köpfchen dabei mindestens eine Minute halten und stützt sich auf den Unterarmen ab. Seine Hände sind ganz geöffnet und die Beine fast gestreckt.
- › Ihr Baby liegt sicher auf dem Bauch, ohne auf den Rücken zurückzurollen und kann in der Bauch- und in der Rückenlage seinen Kopf zu beiden Seiten drehen.
- › Liegt es auf dem Rücken, hebt es seine Beine an: Hüfte und Knie sind dabei jeweils im 90-Grad-Winkel angebeugt. In dieser Lage greift Ihr Baby nun mit seinen Händen zu seinem Bauch.
- › Die größte Freude sind die Hände und Finger, die immer wieder eingehend betrachtet und dabei hin und her gedreht werden.
- › Wenn Sie Ihrem Kind einen interessanten Gegenstand entgegenhalten, wird es seinen Arm mit der halbgeöffneten Hand danach ausstrecken.
- › Hört es einen Glockenton, hält es mit seinem Blick inne oder hört kurz auf sich zu bewegen.
- › Es lautiert mit ersten Silbenketten und bildet »Rrrrrrr«-Ketten – und das in den lustigsten Tonlagen.

Die Beweglichkeit nimmt zu

Kennzeichnend für diesen Meilenstein ist der symmetrische Ellenbogenstütz in Bauchlage. Die Stützfläche bildet dabei ein Dreieck zwischen den Innenseiten der Ellenbogen Ihres Kindes und seinem Bauchnabel bzw. dem Schambein. Seine Ellenbogen befinden sich dabei direkt unter den Schultern und die Hände liegen locker in der Schulterlinie. Ihr Baby kann nun seine Hände vollständig öffnen. Bauch- und Rückenmuskeln sind jetzt so trainiert, dass sie den Brustkorb von der Unterlage abheben können. Auch die Kopfkontrolle wird sicherer. Jetzt kann sich Ihr Kind gut aufrichten.

Je mehr und ausdauernder und je höher es sich aus der Bauchlage aufrichtet, desto mehr Neugier erwächst. Die Welt ist ja so aufregend! Die Haltung im Unterarmstütz ist – auch wenn es so aussieht – keineswegs unbeweglich und statisch, sondern eher sehr dynamisch: schließlich ist die Belastung auf beiden Ellenbogen nicht immer gleich. Je mehr Ihr Baby an einem Gegenstand interessiert ist, desto mehr muss es sich bemühen, seine Aufrichtung auszubalancieren. Gelingt der Unterarmstütz gut, können Sie davon ausgehen, dass auch die weitere Entwicklung Ihres Kindes normal und koordiniert verlaufen wird. Mit den Übungen und Spielen ab Seite 54 können Sie Ihr Baby jedoch gezielt unterstützen.

Neugierig: Jetzt hat Ihr Baby eine völlig neue Perspektive gewonnen, die die Anstrengungen des »Bauchlagen-Trainings« schnell wettmacht.

Spielen, glucksen, trällern

Mit der Koordination der Hände kommt auch die Hand-Augen-Mund-Koordination in Schwung. Sie können dabei zusehen, wie das Spiel der Hände Ihres Kindes immer mehr an Beweglichkeit gewinnt. Das Ganze begleitet Ihr Kleines mit seiner Stimme und den verschiedensten Lautäußerungen in den lustigsten Tonlagen. Je mehr Sie Ihre Freude daran zeigen, desto toller findet es sein neu erworbenes Können.
Das Saugen und Lutschen an den eigenen Fingern bringt dem Baby wichtige Erfahrungen. Schließlich sind die Nervenenden im Mundbereich dreimal sensibler als die an den Fingern. Auch die Augenbeweglichkeit Ihres Babys ist jetzt so weit fortgeschritten, dass sie sich bis zu einem Winkel von 30 Grad von der Mitte weg bewegen können. Ihr Baby muss dabei seinen Kopf nicht mehr drehen.
Und so, wie sich die kleinen Hände immer mehr entfalten, so entwickelt sich auch die Beweglichkeit der Füße. Sie kommen aus ihrer Knickfußstellung heraus, gewinnen immer mehr an Eigenbeweglichkeit und greifen mit, wenn Sie Ihrem Kind von oben aus der Mitte ein Spielzeug anbieten.

> **Wichtig** *Um eine Überstreckung der Halswirbelsäule Ihres Babys beim Wickeln zu vermeiden, sollten Sie dafür sorgen, dass keine interessanten Gegenstände am Kopfende liegen. Mobiles und andere Blickfänge sollten immer etwa in Höhe des Bauchnabels Ihres Kindes und etwa 50 Zentimeter über ihm befestigt werden. Am sichersten und wohlsten fühlt sich Ihr Baby beim Spielen nun auf seiner Krabbeldecke.*

Immer mit dabei

Ihr Baby will nun am Alltagsleben teilhaben und ist zunehmend daran interessiert, mit seiner Umwelt und vor allem mit anderen Menschen in Kontakt zu treten. Mit den Augen sucht es Gesichter und fixiert sie mitunter sehr hartnäckig. Erkennt es einen geliebten Menschen, ist die Freude groß und Ihr Baby kann sich vor Freude kaum halten. Außerdem möchte es immer und überall dabei sein. Wenn Sie Ihr Baby nun tragen, sorgen Sie dafür, dass Sie es am besten immer einarmig halten und es dabei nach vorne gucken kann. Dazu greifen Sie mit Ihrer Hand diagonal über seinen Rumpf zu seinem gebeugten Oberschenkel. Wichtig: Sie halten Ihr Baby dabei nur mit einer Hand. Diese Position hat den wunderbaren Vorteil, dass Ihr Kind gut seine beiden Hände zusammenbringen und zum Mund führen kann. Zugleich halten Sie seine Beine in Schrittstellung, was bereits das spätere Gehen anbahnt. Das einarmige Tragen ist außerdem sehr praktisch, da Mama oder Papa so immer noch eine Hand frei haben, um etwas erledigen zu können.

Ganz nah bei dir

Jetzt beginnt der Saugreflex zu erlöschen und Ihr Kind entscheidet selbstständig, ob es trinken möchte oder nicht. Falls Sie Ihr Baby mit der Flasche füttern, sollten Sie auf keinen Fall das Saugloch vergrößern, damit es besser trinkt. Auf diese Weise werden die wichtigen Saugbewegungen des Kiefers unterbunden und Ihr Kind muss nur noch schlucken. Für seine gesunde Entwicklung und Reifung ist jedoch gerade ein starkes Saugen wichtig. Beim kräftigen Saugen werden die Bauchmuskeln sowie die vordere Halsmuskulatur aktiv und die Haltung verbessert sich.
Am schönsten ist für Ihr Kind, wenn Sie es beim Füttern nah am Körper halten. Beim Stillen ist der Kontakt naturgegeben am intensivsten. Doch auch Ihr »Flaschenkind« können Sie im Arm halten, um ihm so eine Extra-Portion Wärme und Geborgenheit schenken.

4 UNTERARMSTÜTZ

Das Stillen hat allerdings den Vorteil, dass die natürliche Saug- und Schluckbewegung ausgelöst wird. Gleichzeitig formt es den Kiefer Ihres Babys. Zudem kommt es bei dieser Art der archaischen Nahrungsaufnahme nachgewiesenermaßen zu einer verstärkten Gehirnaktivität. Aber keine Sorge, auch nicht gestillte Kinder bekommen, was sie brauchen: eine ausgewogene Ernährung, Liebe und Geborgenheit.

Manche Babys entspannen sich beim Trinken so sehr, dass Sie dabei einschlafen. Halten Sie es besser wach, damit es kontinuierlich saugt. Streicheln Sie ihm zum Beispiel sanft über die Wange oder geben Sie ihm Ihren kleinen Finger zum Festhalten, denn auch durch die Greifreaktion seiner Hand wird seine Bauchmuskulatur und dadurch das Saugen und Schlucken Ihres Kindes aktiviert.

Das ist in diesem Fall erlaubt – obwohl der Greifreflex noch besteht. Der Greifreflex ist evolutionsgeschichtlich uralt: Schon das kleine Äffchen hielt sich beim Trinken am Fell seiner Mutter fest. Wenn später – im vierten Monat – der Greifreflex abgebaut ist, ist das Festhalten an der Mutter Ausdruck der starken emotionalen Bindung. Beim Stillen des Kindes verstärken daher der Greifreflex und später das feste Im-Arm-Halten die Saugkraft des Babys.

Liebevolles Wickelritual

Damit Ihr Baby an Körperspannung gewinnt und seinen Gleichgewichtssinn weiter ausformt gibt es ein sehr liebevolles Ritual für Sie und Ihr Kind. Nehmen Sie dazu Ihr Baby zum An- und Ausziehen auf Ihren Schoß. Das braucht am Anfang etwas mehr Zeit, als wenn Sie das Procedere auf den Wickeltisch verlegen, macht aber viel Spaß und schafft Nähe. Zusätzlich werden »ganz nebenbei« eine Reihe von Muskelgruppen trainiert. Am sichersten ist es zu Beginn auf dem Boden. Setzen sie sich mit gebeugten oder angewinkelten Beinen hin und stützen sie sich gleichzeitig mit dem Rücken an der Wand ab. Ihr Baby liegt bei Ihnen auf dem Schoß. Durch Drehen und Wenden wickeln Sie nun Ihr Kleines und ziehen es um.

Das macht ihm viel Spaß, da es so die ganze Zeit nah bei Ihnen ist. Mit der Zeit gewinnen Sie dabei immer mehr Sicherheit und Ihr Baby an Körperspannung. Dann können Sie das »Schoßhandling« auch problemlos sitzend auf einem Stuhl durchführen.

Darauf sollten Sie achten

Zeigt Ihr Kind im dritten Monat den korrekten Unterarmstütz, so können Sie schon jetzt davon ausgehen, dass der weitere Verlauf seiner motorischen Entwicklung einen koordinierten Gang haben wird und Ihr Baby eine normale Sprachentwicklung und eine normale geistige Entwicklung durchlaufen wird. Auch die Augenbeweglichkeit und sein Gesichtsfeld sind in dieser Phase bereits gut ausgebildet. Der Unterarmstütz ist somit ein wichtiger Meilenstein zur Erkennung einer eventuell später auftretenden Entwicklungsverzögerung.

Sprechen Sie Ihren Kinderarzt an, wenn Ihr Kind:
- *sich übermäßig überstreckt und im »Hohlkreuz« auf dem Rücken liegt*
- *noch eine deutliche asymmetrische Haltung in Bauch- und Rückenlage einnimmt*
- *überhaupt nicht auf dem Bauch liegen möchte*
- *den Kopf in Bauchlage und beim Tragen noch nicht alleine halten kann*
- *die Hände noch fest gefaustet hält und der Daumen in der Hand eingeschlagen ist*
- *in Rückenlage und im wachen Zustand noch kaum die Hände vor dem Körper zusammenführt*
- *seine Beinchen in Rückenlage nicht von seiner Unterlage abhebt*
- *noch sehr viel schreit und schlecht trinkt*
- *keinen oder sehr wenig Blickkontakt aufbaut und kein soziales Lächeln zeigt.*

So unterstützen Sie Ihr Baby am besten

Jetzt kann die Aufrichtung beginnen, denn die gesamte Wirbelsäule Ihres Babys hat sich nun gestreckt. Seine Händchen sind ganz geöffnet, greifen zueinander und werden gedreht – nach wie vor sind sie ein ständiger Gegenstand des Staunens. Jetzt beobachtet Ihr Kleines allerdings auch zunehmend interessiert sein Umfeld. Vor allem in der Bauchlage wächst die Neugier, möglichst viel zu erspähen.

Auf dem Bauch liegt's sich gut

Machen Sie Ihrem Kind mit allen Tricks die Bauchlage schmackhaft, denn sie ist unverzichtbar für seine weitere Aufrichtung. Legen Sie es beispielsweise mit dem Bauch auf ein kleines Kissen, sodass die Ärmchen vor dem Kissen auf der festen Unterlage liegen. Durch das Kissen wird die Bauchlage angenehmer, der Druck gemindert. Auf diese Weise kann man auch jetzt noch einen kleinen Bauchlagen-Verweigerer langsam an die Lage gewöhnen.

99 Luftballons

Füllen Sie einen Kinderbettbezug mit nicht ganz aufgeblasenen Luftballons. Nun legen Sie Ihr Baby entweder in Rücken- oder in Bauchlage auf dieses Luftballon-Bett. Durch leichtes Wippen können Sie es zum Schwingen bringen. Je sanfter Sie dabei vorgehen, desto angenehmer für Ihr Kind.

Wackelbett: Ein wackelige Unterlage aus nicht zu fest aufgeblasenen Ballons in einem Kissenbezug ist sehr spannend.

4   UNTERARMSTÜTZ

Sanfte Bauchmassage

Ihr Baby liegt in Rückenlage auf dem Wickeltisch. Legen Sie nun eine oder beide Hände auf den Bauch Ihres Kindes und drücken sanft dagegen, um so die Bauchmuskeln zu aktivieren. Vielleicht nimmt Ihr Baby dabei die Beine hoch. Streicheln Sie nun sanft den Bauch Ihres Kindes im Uhrzeigersinn. Diese Bauchmassage tut nicht nur bei Bauchschmerzen gut.

Einfach stützen!

Nehmen Sie ein gerolltes Handtuch und legen Sie Ihr Baby mit dem Oberkörper in Bauchlage über die Rolle, so dass es bequem mit seinen Unterarmen die Unterlage berühren kann. Wenn es Ihrem Baby zu anstrengend wird, legen Sie es wieder auf den Rücken und streicheln es.

Meine tolle Krabbeldecke

Nähen Sie die Krabbeldecke für Ihr Kind selbst! Wählen Sie dazu verschiedene Stoffmaterialien und schneiden Sie sie zu Quadraten. Am besten legen Sie den Stoff doppelt, denn so können Sie die Stoffquadrate auch mit verschiedenen Materialien wie Kirschkernen, Knisterpapier, Watte usw. füllen. Anschließend nähen Sie die Quadrate zusammen. Eine solche Krabbeldecke ist ein spannendes und immer wieder überraschendes Spielzeug für Ihr Kleines!

Wo ist das kleine Füßchen?

Ihr Kind liegt auf seiner Krabbeldecke oder auf dem Wickeltisch auf dem Rücken. Nehmen Sie nun sanft eine Hand Ihres Babys und führen Sie sie zum gegenüberliegenden Füßchen. Streicheln Sie über Fuß und Zehen und wiederholen Sie das Ganze mit der anderen Hand. Dieses kleine Spiel können Sie auch mit dem Baby auf Ihrem Schoß durchführen.

Federleichte Berührungen

Ihr Kind liegt unbekleidet auf seiner Krabbeldecke oder dem Wickeltisch. Massieren Sie es nun sanft mit verschiedenen Materialien wie einer Feder, einem Wollknäuel, einem Seidentuch, einem Stück Fell oder einem Wattebausch. Sie können es auch einfach mit Ihren Fingern massieren und liebkosen. Ihr Kind wird begeistert sein.

Das macht Spaß: Eine Feder zu betrachten oder von ihr berührt zu werden macht sehr viel Spaß und ist einfach hochinteressant.

satz. Achten Sie aber bitte darauf, dass der Ball nicht direkt über dem Kopf Ihres Babys hängt, damit es sich nicht überstreckt. Für dieses Spiel können Sie auch einen Luftballon verwenden, den Sie halb aufblasen und mit einigen Erbsen füllen. Dieses einfache Spielzeug ist genauso spannend wie ein Spieltrapez und kann immer wieder interessant und abwechslungsreich gestaltet werden.

Lustige Klingelmassage

In einen Topfkratzer aus Plastik werden größere Glöckchen geschoben und festgebunden, bis diese gut sitzen. Nun massieren Sie Ihr Baby sanft mit dem neuen Massagegerät.

So liegst du richtig

Wenn Ihr Baby auf dem Rücken liegt, können Sie ihm ein kleines zusammengerolltes Handtuch oder ein flaches Keilkissen unter das Becken schieben. So liegt es besser mit dem Rücken auf und kann seine Beinchen zum Spielen hochnehmen und halten. Zur Abwechslung können Sie diese kleine Stütze auch unter das Köpfchen legen. So kann es – vielleicht noch mit Ihrer Hilfe – seine Hände und Füße leichter sehen und erreichen. Wenn Sie Ihr Baby in einen aufgeblasenen Schwimmreifen legen, schafft es das sogar ganz allein.

Fußballprofi: Der Wasserball sollte in Höhe des Bauchnabels Ihres Babys und etwa 50 Zentimeter darüber aufgehängt werden.

Wasserball spielen

Befestigen Sie eine Schnur an einem Wasserball (Durchmesser etwa 30 Zentimeter) und hängen Sie diesen über Ihr Baby. So haben Sie ein unglaublich vielseitiges Spielzeug: Wenn Sie den Ball tief hängen, kann Ihr Kind den Ball aus der Rückenlage anschubsen. Hängt er etwas höher, wird es versuchen, ihn aufgeregt mit Händen und Füßen zu erreichen. Hängen Sie den Ball über seine Knie, wird es eher mit den Füßen danach treten. Hängt er kopfwärts, kommen die Händchen zum Ein-

Auf der Luftmatratze

Spielen auf einer Luftmatratze macht auch viel Vergnügen. Sie können Ihr Baby in Rücken- oder Bauchlage auf die Matratze legen und diese mit leichtem Druck zum Schwingen bringen. Dazu sollte die Luftmatratze nicht ganz aufgeblasen sein. Sie können die Matratze auch umfassen und Ihr Kind leicht darauf schaukeln. Gehen Sie ganz sanft dabei vor und achten Sie auf die Reaktion Ihres Kindes. Es wird dabei versuchen, immer wieder sein Gleichgewicht zu finden.

4   UNTERARMSTÜTZ

Das ist ja spannend!

Noch wird Ihr Baby nicht nach Spielzeug, das Sie ihm anbieten, greifen. Aber es wird alle Gegenstände neugierig betrachten. Am besten, Sie zeigen ihm ein Spielzeug und bewegen es langsam von links nach rechts. So kann Ihr Baby den Gegenstand mit den Augen fixieren und wird dann auch seinen Kopf mitdrehen. Danach können Sie das Spielzeug Ihrem Baby auch an die Lippen halten, damit es dieses in aller Ruhe mit dem Mund betasten und »erschmecken« kann.

Glöckchenspiel

Befestigen Sie ein Glöckchen an der Babysocke Ihres Kindes. So wird es ganz erstaunt seine Beine hochnehmen. Sie können am Söckchen oder am Fußteil des Stramplers auch eine Wäscheklammer befestigen. Dann führen Sie die Hand Ihres Kindes dorthin. Es wird so immer wieder versuchen, das Glöckchen oder die Wäscheklammer zu betasten.

Woher kommt der Ton?

Das Hören wird noch viel interessanter, weil Ihr Baby jetzt die Richtung erkennt, aus der ein Ton kommt. Klingeln Sie mit einem Glöckchen einmal am linken, dann am rechten Ohr. Ihr Baby wird seinen Blick und vielleicht auch schon seinen Kopf der Geräuschquelle zuwenden.

Ri-ra-rutsch

Legen Sie Ihr Baby auf dem Rücken auf eine Wolldecke mit kurzem Flor. Darauf können Sie Ihr Kind überall in der Wohnung herumziehen, wo immer Sie gerade zu tun haben. Am besten funktioniert das auf glatten Belägen wie Parkett, Laminat oder Fliesen. Wenn Sie am Fußende ziehen, hebt Ihr Kind die Beine und kann mit seinen Füßen spielen.

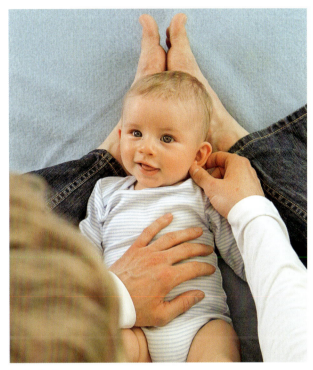

Klingelingeling: Zeigen Sie Ihrem Kind bei diesem liebevollen Spiel, wie es seinen Körper immer mehr entdecken kann.

Hallo, Frau Nase!

Ihr Baby liegt auf seiner Krabbeldecke oder auf dem Wickeltisch. Tippen Sie nun mit einer Fingerspitze an die Nase Ihres Kindes und begrüßen Sie sie mit: »Hallo, Frau Nase«. Dann geht es weiter zu: »Hallo, Herr Ohr«, »Guten Tag, Herr Mund«, »Grüß dich, kleine Hand und lass' dich kitzeln, kleiner Fuß«. Gespannt wird Ihr Kind all Ihren Bewegungen folgen und Ihnen zulachen. Küsschen auf Wangen, Händchen und Füßchen machen genauso viel Spaß.

Hallo, mein Spatz!

Legen Sie Ihr Kind auf den Bauch und streicheln Sie es von Kopf bis Fuß. Verharren Sie zwischendurch mit Ihrer Hand auf seinem Becken und geben Sie etwas Druck, sodass sich Ihr Baby leichter aufrichten und auf seine Unterarme stützen kann. Wenn Sie zusätzlich gegen die Fußsohlen Ihres Kindes drücken, kann es sich noch leichter aufrichten. Am schönsten ist es allerdings, wenn Sie sich ebenfalls auf den Bauch legen, auf die Unterarme stützen und Ihrem Kind dabei ins Gesicht sehen. Streicheln Sie es oder singen Sie ihm etwas vor.

Los geht's: Mit etwas Hilfe geht alles besser. Geben Sie Ihrem Baby von hinten Halt, sodass es sich vorne sicher aufstützen kann.

Hier geht die Sonne auf

Ihr Gesicht betrachtet Ihr Kind in diesem Alter am liebsten. Schenken Sie ihm immer wieder Lächelmomente, indem Sie sich beim Wickeln Zeit lassen oder mit ihm Zwiesprache halten, wenn es in seinem Nestchen liegt. Beugen Sie sich über Ihr Kind, sodass es Sie gut sehen kann und ziehen Sie seine Aufmerksamkeit mit Streicheleinheiten, einem Lied oder einer kleinen Geschichte auf sich. So entlocken Sie Ihrem Baby ein Lächeln! Hat es keine Lust mehr, wendet es seine Augen ab. Dann ist Zeit für Ruhe und Entspannung.

Küchen-Mobile

Hängen Sie an einem langen Holzstock stabile Fäden auf. An das Ende der Fäden binden Sie Löffel oder Schlüssel und lassen sie im Wind spielen und klingen. Das Mobile sollte hoch genug hängen, damit Ihr Kind es nicht berühren, aber in Ruhe betrachten kann. So wirkt es sehr entspannend.

Händchen tasten

Zur Förderung der Hand-Hand-Koordination legen Sie Ihr Kind vor sich auf den Rücken. Greifen Sie ihm dann mit beiden Händen so unter die Schulterblätter, dass es wie in einer Schale liegt und heben Sie die Schulterblätter gleichzeitig oder einzeln leicht an. Dadurch kommen die Arme und Hände vor dem Körper zusammen. Die Händchen berühren sich und beginnen, sich zu ertasten und miteinander zu spielen.

Es regnet!

Ihr Baby liegt in der gefüllten Badewanne und Sie halten es mit einem Arm. Schöpfen Sie dann Badewasser in einen kleinen Becher und gießen Sie es sanft über Arme, Brust, Bauch und Rücken Ihres Kindes.

Badespaß

Zusammen baden ist eine tolle Sache. Dabei können Sie oder Ihr Partner Ihr Baby gut halten und es zugleich sanft und langsam durch das Wasser hin und her ziehen. Das macht Ihrem Kleinen viel Freude, immerhin war warmes (Frucht-) Wasser neun Monate lang sein Element. Achten Sie auf eine angenehme, nicht zu heiße Badetemperatur und verwenden Sie nur für Babys geeignete Badezusätze. Eine anschließende Babymassage (siehe Seite 13) rundet das Vergnügen ab und macht schön müde.

Spiel' mir mein Lieblingslied

Suchen Sie eine Spieldose oder -uhr mit angenehmer Musik oder einem schönen Schlaflied aus. Fasziniert wird Ihr Baby der Musik lauschen. Manche Dosen bewegen sich oder drehen sich dabei. Diese sind dann noch spannender, weil Ihr Kind jeder Bewegung mit seinen Augen folgen wird.

Tanzende Bilder

Auch mit Bildern lässt sich der Blick des Babys einfangen. Am besten kann es in diesem Alter Strukturen mit starken Kontrasten erkennen. Sie sollten einen Abstand von ungefähr 20 Zentimetern betragen. Werden Sie kreativ und malen Sie große Bilder mit schwarzer, roter und weißer Farbe: Kreise, Spiralen, Vierecke, aber auch Tiere wie Katze, Hund oder Hahn. Mit neugierigen Augen wird das Baby aus der Bauchlage den aufregenden Linien folgen.

Socken-Fußball

Stülpen Sie in eine Socke eine weitere Socke und binden Sie sie oben ab. So entsteht ein weicher Ball, nach dem Ihr Kind mit Händen und auch Füßen greifen kann.

Das bin ja ich: Ist das mein Gesicht oder ein anderes? Und wie schön fühlt sich die Creme unter meinen Händchen an!

Kleiner Künstler

Legen Sie einen großen stabilen Spiegel auf den Boden. Bitte scharfe Kanten mit Stoff umkleben! Nun legen Sie Ihr Kind in Bauchlage darauf. Zaubern Sie mit einer Hand- oder Babycreme Punkte auf den Spiegel. Warten Sie einmal ab, was für ein Kunstwerk Ihr Baby daraus entstehen lässt. Auf jeden Fall wird es mit großem Vergnügen darin matschen und reiben.

Waldspielplatz

Wenn Sie mit Ihrem Baby im Park oder im Grünen unterwegs sind, sammeln Sie doch verschiedene Hölzer, die Sie zu Hause dann als Spielzeug umfunktionieren, entrinden und schleifen können. Schön sind unterschiedliche Formen und Oberflächen.

MEILENSTEIN 5: ERSTES GREIFEN

Jetzt beherrscht Ihr Baby die Bauchlage perfekt. Sein naturgegebener Drang, die Welt zu erkunden, hilft ihm dabei, immer selbstständiger zu werden. Mit der Verlagerung auf einen Ellenbogen gewinnt es Handlungsspielraum. Jetzt kann Ihr Baby mit seinem freien Arm nach einem interessanten Spielzeug greifen und es nach Herzenslust untersuchen. Das wichtigste Thema des Monats ist deshalb: Greifen und Erkunden.

5 ERSTES GREIFEN

Der Forscherdrang wächst

Sobald es sich sicher auf seine Unterarme stützen kann, erreicht Ihr Baby einen weiteren wichtigen Meilenstein. Jetzt kann es seine Brustwirbelsäule ausreichend strecken und drehen, sodass es aus der Bauchlage ein interessantes Spielzeug ergreifen und untersuchen kann. Damit eröffnen sich Ihrem Baby neue, spannende Erfahrungswelten.

JETZT, AM ENDE DES VIERTEN MONATS, KANN IHR Kind Gegenstände mit der Hand ergreifen. Der Greifreflex hat sich so weit abgeschwächt, dass Ihr Baby seine Hände nunmehr bewusst öffnen kann. Dabei greift es immer zuerst von der Kleinfingerseite, also mit dem kleinen und dem Ringfinger. Dann umschließt die ganze Hand das Spielzeug, neigt sich zur Kleinfingerseite und wird im Handgelenk gebeugt. Noch greift Ihr Kind nicht isoliert, sondern mit dem ganzen Körper: Wenn es mit den Händchen greift, erfolgen gleichzeitig unwillkürliche Greifbewegungen mit den Füßen.

Mit allen Sinnen begreifen

Alles, was es nun in die Hände bekommt, wird eingehend untersucht und zwar am liebsten mit dem Mund. So erfährt Ihr Baby, wie die Welt riecht, wie sie schmeckt und welche Form und Beschaffenheit die verschiedenen Dinge haben. Noch als Erwachsene greifen wir auf diese Zeit früher sinnlicher Geruchs- und Geschmackseindrücke zurück. Gönnen Sie Ihrem Baby deshalb das Erforschen durch den Mund. Es ist keineswegs unhygienisch und bedeutet einen weiteren wichtigen Schritt in der Entwicklung Ihres Kindes.
Jetzt wird Ihr Baby wahrscheinlich in Rücken- wie in Bauchlage ausgiebig spielen. Falls Ihr Baby jetzt noch nicht so weit ist, machen Sie sich keine Sorgen. Jedes Kind nimmt sich für jeden Entwicklungsschritt die Zeit, die es dafür braucht.

Wie sich der Entwicklungsschritt anbahnt

Mit etwa vier Monaten ist die Hand-Hand-Koordination bei Ihrem Kind ausgereift. Jetzt kann Ihr auf dem Rücken liegendes Baby Spielzeug greifen, das Sie ihm von der Seite her reichen. Es hält jetzt auch schon – so als wollte es kauen – Gegenstände mit seiner Zahnleiste fest, die es zuvor noch mit Zunge und Lippen ergriffen hat.
Beim Einzel-Ellenbogenstütz lässt sich beobachten, dass die gesamte Haltung asymmetrisch ist. Je nachdem, in welche

Schau', was ich schon kann

- › Ihr Baby beherrscht nun in der Bauchlage sicher den Unterarmstütz und den Einzel-Ellenbogenstütz. Dabei hält es gut sein Gleichgewicht und fällt nicht mehr zurück auf den Rücken.
- › Jetzt ist Ihr Kind auch in der Lage, sich vom Rücken auf die Seite zu drehen.
- › In Bauchlage kann es vor sich liegende Gegenstände ergreifen. In Rückenlage ergreift es ein Spielzeug, wenn Sie es ihm von der Seite reichen. Dabei betrachtet Ihr Kind das Spielzeug in seiner Hand eingehend.
- › Es greift in Rückenlage zu seinen Oberschenkeln.
- › Wenn es die Beine von der Unterlage abhebt, berühren sich dabei die Großzehen und die Innenseiten der Füße.
- › Die Hände Ihres Babys sind jetzt überwiegend geöffnet und spielen miteinander.
- › Spielzeug steckt es in den Mund.
- › Es formt Lippenverschlusslaute (»m, b«) sowie Blasenreibelaute (w-artig) und fängt an zu juchzen.

> **Wichtig** *Hängen Sie möglichst keine Spielzeugkette über den Kinderwagen oder Kinderautositz. Diese irritiert den Blick Ihres Babys, schließlich baumelt ihm so ständig etwas vor den Augen. Auch Spielzeug welches am Dach des Kinderwagens oder Kindersitzes befestigt ist, bringt das Kind eher in eine ungewollte Überstreckung. Lassen Sie es lieber seine Umwelt da draußen wahrnehmen. Damit ist es genügend beschäftigt. Besser, Sie befestigen nur an einer Seite des Kinderwagens oder Autositzes eine Spielzeugkette. So liegt diese auf den Beinchen Ihres Kindes, und es kann danach greifen und sie zum Mund führen, wann immer es will.*

Richtung sich Ihr Baby orientiert, belastet es den entsprechenden Arm. Das Erstaunliche daran: Es ist nun in der Lage, jede Winkelbewegung sicher auszubalancieren. Nur kann es, wenn Sie ihm einen Gegenstand von der Gesichtsmitte her reichen, noch nicht danach greifen. Das gilt auch für die Rückenlage. An seinen hochgehobenen Beinen mit den einander zugewandten Fußsohlen erkennen Sie, wie sehr Ihr Kind sich das Objekt der Begierde herbeisehnt. Es weiß nur eben noch nicht, wie es das Greifen aus der Mitte anstellen soll.

Das »Split-Brain-Stadium«

Eine vorübergehende Entwicklungsphase lässt sich beobachten, wenn Ihr Baby auf dem Rücken liegt und Sie ihm ein Spielzeug aus der Mitte heraus anbieten. Im Gehirn Ihres Kindes spielt sich dabei Folgendes ab: Beide Gehirnhälften werden angesprochen, doch das Gehirn kann sich nicht entscheiden, welche Hand das Spielzeug ergreifen soll. Stattdessen hält Ihr Baby beide Hände nach oben, während seine Augen gebannt den Gegenstand fixieren. Bei diesem Innehalten in der Bewegung, bei der kein Greifen erfolgt, spricht man von einem »Split-Brain-Stadium«. Der sogenannte Balken (corpus callosum) zwischen den beiden Gehirnhälften (Hemisphären) hat sich in dieser Phase noch nicht entwickelt.

Sobald der Balken dann jedoch die beiden Gehirnhälften verbindet, kann das Kind Gegenstände, die ihm mittig gereicht werden, ergreifen (siehe Meilenstein 6, Seite 68 f.). Interessanterweise kann es sich auch erst dann vom Rücken auf den Bauch drehen (siehe Meilenstein 7, Seite 76 f.). Es dauert also zwei Monate, bis sich das Kind vollständig vom Rücken auf den Bauch drehen kann.

So unterstützen Sie Ihr Baby am besten

Die Sinne Ihres Kindes entwickeln sich immer weiter und prägen sich stärker aus. Alles ist auf vollen Empfang gestellt: Es blickt aufmerksam um sich und ist bereit, alles zu untersuchen, was in Greifnähe kommt. Jetzt kann Ihr Baby auch schon Ihre Stimmungslage an Ihrem Ton erfassen. Für jedes liebe Wort und jede liebevolle Geste belohnt es Sie jetzt mit einem Juchzen.

Rechts und links: Mit dieser leichten Übung lernt Ihr Baby aus der Mitte zu greifen und eine bessere Symmetrie zu entwickeln.

Wo ist deine Mitte?

Um das Greifen aus der Mitte anzubahnen, legen Sie Ihr Baby auf Ihren Schoß. So können Sie es gut betrachten, mit ihm sprechen und spielen. Nehmen Sie dabei seine Hände in die Ihren und streicheln Sie jeweils mit einem Händchen über sein diagonal gelegenes Knie.

Sonnenschein-Massage

Streichen Sie mit einer großen Kreisbewegung über den Bauch Ihres Babys und sagen Sie dazu: »Die Sonne scheint.« Dann tippen Sie mit einer Fingerspitze sachte auf seinen Bauch: »Es beginnt zu regnen.« Dann tippen Sie etwas häufiger: »... erst ein paar Tropfen«, dann noch öfter, »immer mehr!« Dann tanzen mehrere Finger auf dem Babybauch: »Es regnet ganz stark.« Dann wischen Sie darüber: »Wolken kommen und gehen.« Zum Schluss beschließen Sie die Massage wieder mit einer Kreisbewegung: »Die große warme Sonne scheint wieder.«

Getupftes Lied

Mit einem Reim oder Lied tupfen Sie sanft in die Handflächen Ihres Kindes. Sie können dabei auch leicht in die Handflächen klatschen, diese ausstreichen oder mit kreisförmigen Fingerbewegungen streicheln.

Was ist da unter meinem Bauch?

Ihr Kind liegt im Unterarmstütz auf seinem Bauch. Legen Sie ein kleines Spielzeug darunter. Ein kleines Stück sollte noch zu sehen sein. Ihr Baby wird sich aufrichten und seinen Kopf etwas einrollen, um das Spielzeug genauer zu sehen. Sollte es nicht gleich so funktionieren, lenken Sie seine Aufmerksamkeit auf das Spielzeug, bis es in den Einzel-Ellenbogenstütz geht oder sich mit beiden Armen hochstützt und nach dem Objekt unter seinem Bauch schaut. Das Kopfeinrollen ist sehr wichtig: Alle Bewegungen werden vom Kopf eingeleitet, wozu die Halswirbelsäule frei beweglich sein muss.

Kuschelschaukel

Legen Sie Ihr Kind quer auf den Wickeltisch und zwar so, dass es auf der Seite mit dem Rücken zu Ihnen liegt. Sie umfassen Ihr Baby von hinten: Ein Arm greift von hinten zwischen den Beinchen hindurch nach vorne und umfasst das obere Ärmchen des Kindes. Ihr anderer Arm liegt unter dem Kopf des Babys und umfasst vorne das untere Ärmchen. Nun können Sie gemeinsam mit Ihrem Kind von der Seite nach vorne Richtung Bauch kuschelnd schaukeln.

Weicher Wasserball

Nehmen Sie einen nicht zu großen Wasserball und blasen Sie ihn auf – aber nicht ganz, damit er schön weich bleibt. Ihr Kind liegt auf dem Rücken und bekommt nun den weichen Ball auf den Bauch, sodass es ihn drücken kann: mit Händen, Armen, Beinen, Füßen und viel Begeisterung. Sie brauchen nur aufzupassen, dass er nicht hinunterkullert.

Spielzeug angeln

Die Bauchlage über einem Schwimmreifen fällt Ihrem Baby auch für den einarmigen Ellenbogenstütz leichter. Legen Sie ein paar Spielzeuge in den Ring, und es wird begeistert danach greifen. Auch aus einem aufgeblasenen Babyschwimmbecken kann sich Ihr Kind jetzt sein Lieblingsspielzeug angeln.

Kleiner Angler: So von einem weichen Schwimmring gestützt, machen die Bauchlage und das Greifenlernen noch mehr Spaß.

Von der Seite: Wenn Sie mit Ihrem Baby spielen, achten Sie nach wie vor auf einen regelmäßigen Wechsel der Seiten.

Sieh mal, was ich habe

Bieten Sie Ihrem Baby immer wieder von der Seite Spielzeug an, wenn es auf dem Rücken liegt. Viel Spaß macht dabei eine Kette mit größeren Perlen, die Ihr Baby dann genüsslich ablutschen kann. Achten Sie darauf, dass diese Kette reißfest ist.

Ich schaukel dich

Legen Sie Ihr Baby in Bauchlage auf einen großen Gymnastikball und schaukeln es sanft von rechts nach links und wieder zurück. Halten Sie auf jeder Seite immer kurz inne, sodass sich Ihr Kind auf diese Lageveränderung einstellen kann. Vielleicht beugt es jetzt bereits ein Bein an und verlagert seinen Stütz auf nur einen Arm.

Kleine Schiffschaukel

In dieser Entwicklungsphase bereitet sich Ihr Baby immer mehr auf das Drehen vor. Dabei können Sie ihm helfen, indem Sie es auf den Rücken legen, sanft seine Händchen und Knie umfassen und es langsam und gleichmäßig von links nach rechts schaukeln.

Große Schiffschaukel

Jetzt findet die kleine Schiffschaukel auf dem Schoß statt. Am besten, Sie setzen sich dabei auf den Boden und stellen die Beine auf. Damit Ihr Kind noch auf Ihren Oberschenkeln Platz hat, muss sein Po ganz nah an Ihrem Bauch liegen und seine Beine müssen ganz angebeugt sein. So können Sie gut Hände und Knie Ihres Kindes umfassen und es von einer Seite auf die andere schaukeln. Für die große Schiffschaukel können Sie Ihre Beine im Wechsel leicht mit anheben, das macht das Spiel noch dynamischer.

Entdeckungsreise

Unternehmen Sie mit Ihrem Baby auf dem Arm einen Rundgang durch die Wohnung und benennen Sie die verschiedenen Dinge, die es hier zu entdecken gibt. Zum Beispiel: »Auf diesem Bild ist deine Oma. Das ist dein Bett, das ist deine Spieluhr, das ist die Badewanne.«

Fische fangen

Im Spielzeughandel gibt es Plastikunterlagen, die mit Wasser gefüllt sind und in denen viele bunte Fische schwimmen. Sie brauchen nur noch Ihr Kleines auf den künstlichen Teich zu legen und schon patscht es auf die Fische, die durch den wechselnden Wasserdruck mit schnellen Bewegungen durch das Wasser schwimmen.

5   ERSTES GREIFEN

Lustige Rolle: So fühlt sich also eine Rolle seitwärts an. Gehen Sie bei diesem Spiel besonders behutsam und langsam vor.

Rolle seitwärts

Legen Sie Ihr Baby mit dem Rücken auf ein Badehandtuch: Heben Sie nun eine Seite des Handtuchs an und lassen Sie Ihr Kind mit dieser Unterstützung sanft in die Seitenlage rollen. Machen Sie sich keine Sorgen, wenn dabei ein Ärmchen unter seinen Körper gerät. Es wird ihn eigenständig herausziehen, um sich anschließend abzustützen.

Der richtige Dreh

Sie können das Drehen auf verschiedene Weisen anbahnen. Versuchen Sie es einmal so: Ihr Baby liegt dabei auf dem Rücken. Jetzt umfassen Sie es mit Ihren Händen so, dass Ihre rechte Hand auf seinem Bauch und Ihre linke unter seinem Rücken zu liegen kommt (Sandwich-Griff). Drehen Sie Ihr Kind so über seine linke Seite bis auf den Bauch. Gehen Sie dabei sehr langsam und behutsam vor, sodass Ihr Baby aktiv mithelfen kann. Zu diesem Zweck wird es seine Beinchen beugen und sein Kinn an seine Brust ziehen. Wenn es dann in der Bauchlage angekommen ist, wird es sich wieder strecken.

Ein Beinchen zuerst

Ihr Baby liegt auf dem Rücken auf einer weichen Unterlage. Beugen Sie nun ein Beinchen Ihres Kindes leicht an und führen Sie dieses zur anderen Seite. Das Kind dreht sich dabei zuerst auf den Bauch. Schultern und Kopf folgen nach. Sie können auch zuerst einen Arm Ihres Kindes ergreifen und ihn sanft über den Körper zur anderen Seite führen. Dann folgen Kopf und Schultergürtel der Drehbewegung und die Beinchen kommen nach.

Füßchenspiel

Die Füße sind ein herrliches Spielzeug! Mit einem kleinen Keilkissen oder einem Aktenordner unter dem Po liegt Ihr Kind in Beugung und kommt so mit Leichtigkeit an seine nackten, beweglichen Zehen. Sie können sich aber auch auf einen Stuhl setzen und Ihre Füße auf einen kleinen Hocker stellen. Ihr Kind liegt dabei auf Ihren Oberschenkeln und seine Füßchen strampeln zu Ihrem Bauch hin. So bekommt Ihr Baby ganz leicht Kontakt zu seinen Füßen.

Alle meine Zehen: Jetzt hat Ihr Baby auch seine Füßchen fest im Griff. Es dauert noch eine Weile, dann kann es sie auch in den Mund stecken!

MEILENSTEIN 6: GREIFEN AUS DER MITTE

Ihr Baby liebt es nach wie vor, alles, was es in die Hände bekommen kann, ausgiebig mit dem Mund zu erkunden. Idealerweise handelt es sich dabei um spannendes Spielzeug, das raschelt, knistert oder tönt und so leicht ist, dass es von einer Hand in die andere wandern kann. Denn in diesem Monat bahnt sich ein neuer Entwicklungsschritt an. Ihr Baby greift mit einer Hand nach einem Spielzeug, das ihm von der anderen Seite gereicht wird.

6 GREIFEN AUS DER MITTE

Immer mit dabei

Ihr Kind nimmt jetzt schon aktiv am Familienalltag teil und möchte immer und überall dabei sein. Bei Tisch greift es nach allem, was es in die Hände bekommen kann. Das hat nichts damit zu tun, dass es besonders hungrig ist, sondern einzig und allein damit, dass alles Erreichbare höchst spannend ist. Mit lebhaftem Gebrabbel nimmt es an der Kommunikation teil. Es will jetzt mitreden. Rituale helfen nun, den Alltag Ihres Babys gut zu strukturieren.

DIESEN MEILENSTEIN ERREICHEN VIELE KINDER AM Ende des fünften Monats. Durch die zunehmende Vernetzung beider Gehirnhälften und die Ausbildung des sogenannten Balkens (corpus callosum) ist Ihr Kind nun in der Lage, überkreuz zu greifen, d.h. gezielt nach einem Gegenstand über seine Körpermitte hinaus. Der corpus callosum verbindet genau definierte Hirnregionen miteinander. Wissenschaftler vom Max-Planck-Institut in Leipzig haben festgestellt, dass dieser Balken dafür zuständig ist, dass wir Sprache verstehen. Für Ihr Baby bedeutet die Verbindung beider Gehirnhälften zunächst, dass es sich entscheiden kann, mit welcher Hand es einen Gegenstand greifen möchte.

Dieses gezielte Greifen aus und über die Mitte ist eine sehr hoch angesiedelte koordinative Fähigkeit. Sie ermöglicht auch erst das Drehen vom Rücken auf den Bauch. Wenn Sie Ihr Kind nun mit einem Spielzeug locken und seine Neugier groß genug ist, so dreht es sich von selbst auf die Seite, um das Spielzeug zu erreichen. Das Drehen ist der erste Schritt der selbstständigen Fortbewegung durch die Wohnung.

Den eigenen Körper »begreifen« lernen

Was Sie nun auch beobachten können, ist Folgendes: Wenn Ihr Baby mit seinen Händchen über seinem Gesicht spielt, hebt es auch die Beine von der Unterlage ab. Die Fußsohlen berühren sich dabei, als wollten sie mitgreifen. So werden die Bauchmuskeln für das spätere Krabbeln trainiert. Mit seinen Händen ertastet Ihr Kind immer öfter seine Knie, Oberschenkel und seine Genitalien. Auf diese Weise erkundet und »begreift« es seinen Körper. Stützt sich Ihr Kind auf seine Ellenbogen und möchte ein Spielzeug erreichen, so kann es jetzt auch schon seinen Arm von der Unterlage abheben. Jetzt hat Ihr Baby auch seine Armbewegungen so weit unter Kontrolle, dass es die Hände gezielt zu einem Spielzeug führen kann. In Rückenlage kann es nun über seine Körpermitte schon recht geschickt nach Spielzeug greifen.

6   GREIFEN AUS DER MITTE

Schau', was ich schon kann

- › Ihr Baby ergreift in Rückenlage einen Gegenstand direkt aus seiner Körpermitte und über die Mitte hinaus. Hat es die Beine dabei angehoben, so berühren sich die Fußsohlen.
- › In Rückenlage kann es zu seinem Knie fassen.
- › Ihr Kind kann nun »trockenschwimmen«: Es unterbricht dazu seinen Unterarmstütz in Bauchlage durch Abheben der Arme und auch der Beine von der Unterlage. Ein neuer Bewegungssturm beginnt.
- › In Bauchlage kann es außerdem eine Hand von der Unterlage abheben, um ein Spielzeug zu erreichen. Es führt dabei gezielt die Hand zu dem Gegenstand und hält ihn mit den Handflächen, Fingern und Daumen fest.
- › Das Liegen auf der Seite wird immer stabiler.
- › Auch wenn Sie Ihr Baby in einer eher schrägen Haltung tragen, kann es seinen Kopf stabil halten.
- › Hört es ein Papier rascheln sucht es durch eine gezielte Kopfbewegung nach der Geräuschquelle.
- › Ihr Kind ist jetzt in der Lage, rhythmische Silbenketten zu bilden. Nun lässt das erste »Ma-ma« nicht mehr lange auf sich warten.
- › Es lacht stimmhaft, wenn es geneckt wird.

Ich will mehr

Ein typisches Zeichen dieser Phase ist auch der massive Speichelfluss Ihres Kindes. Er ist Anzeichen für höchste Begierde. Der Speichelfluss ist aber auch die Vorbereitung für die im folgenden Monat beginnende feste Nahrungsaufnahme und damit eine veränderte Stoffwechselleistung im sechsten Monat. Schließlich wird die Nahrung durch den Speichel und die darin enthaltenen Enzyme schon im Mund vorverdaut. Hat Ihr Baby einen Gegenstand seines Interesses in der Hand, so greift es nicht nur aus der Mitte nach ihm. Es wechselt ihn auch von einer Hand in die andere, um ihn so von allen Seiten zu begutachten. Beim »Schwimmen«, das Sie bei Ihrem Kleinen in Bauchlage beobachten können, handelt es sich um eine so genannte motorische Sackgasse. Ihr Kind kann ein Objekt der Begierde in Bauchlage nicht erreichen und beginnt vor lauter Aufregung mit dem »Trockenschwimmen«. So ist allerdings gar kein Greifen mehr möglich. Stattdessen werden die Ärmchen und Beinchen wie beim Schwimmen bewegt. Vorteil dieser »Sackgasse« ist jedoch, dass Ihr Baby auf neue Ideen kommt, um sich dem Gegenstand auf andere Weise zu nähern, wie zum Beispiel durch Drehen.

Mmmh, lecker: Füßchengreifen ist eine äußerst spannende Angelegenheit, die auf Mamas Schoß oder im Ringsitz noch leichter fällt.

So unterstützen Sie Ihr Baby am besten

Die Wahrnehmungsfähigkeiten Ihres Babys erweitern sich jetzt zusehends. Wenn es wach und gut gelaunt ist, möchte es immer bei seinen Liebsten sein, alles angucken, anfassen und natürlich auch kommentieren. Hinzu kommt seine wachsende Begeisterungsfähigkeit, die in quietschenden Juchzern gipfeln oder – je nachdem – in heiteren Babygesängen, bei denen die Tonleiter hoch- und wieder hinuntergedudelt wird.

Standhaft: Ein stehender Luftballon ist eine feine Sache, vor allem, wenn sich darin noch etwas bewegt, das Geräusche macht.

Stehender Luftballon

Nehmen Sie ein Stück stabile Pappe (oder einen flachen Karton) und schneiden Sie mittig ein kleines Loch hinein. Nun blasen Sie einen Luftballon auf und stecken ihn mit seinem Knoten durch das Loch in der Pappe. So bleibt der Luftballon immer in der Aufrechten. In Bauchlage kann Ihr Baby nun versuchen, nach oben zu greifen, um den Ballon zu erreichen. Wenn Sie ihn mit etwas füllen, zum Beispiel Erbsen, Linsen oder Hirse, wird das Spielzeug gleich noch viel interessanter. Aufpassen sollten Sie allerdings mit spitzen Fingernägeln.

Kitzeln mit Reimen

Kitzelspiele mit Reimen machen Ihrem Kleinen viel Vergnügen. Dabei liegt Ihr Baby am besten unbekleidet in Rückenlage und

Sie wandern mit zwei Fingern von seinen Füßchen bis hoch zu seinem Ohr. Dabei reimen Sie: »Wo wohnt der Schneider? Einen Stock weiter. Wo wohnt der Schneider? Einen Stock weiter.« Wenn Sie am Ohr angelangt sind, berühren Sie Ihr Kind leicht und sagen Sie: »Hier, klingelingeling.« Dann tippen Sie ans Näschen und sagen: »Klopf klopf, klopf.« Zum Schluss kitzeln Sie es an seiner Kehle und sagen dabei: »Guten Tag!« Ein tolles Spiel, das viele Wiederholungen verlangt.

Rau oder weich?

Um die Sinne Ihres Babys anzusprechen ist eine Massage ideal. Dabei ist diese besondere Streicheleinheit nicht nur sehr wohltuend, sondern mitunter auch höchst unterhaltsam. Denn es kommt immer darauf an, mit welchen Gegenständen massiert wird. Probieren Sie es einmal mit einem neuen Putz- oder Kosmetikschwämmchen oder einem Massagehandschuh mit weicher und etwas rauerer Oberfläche. Auch eine neue Spülbürste ist geeignet.

Erlebnis-T-Shirt

Nähen Sie auf ein Baby-T-Shirt, das ein oder zwei Nummern größer ist als die aktuelle Kleidergröße, verschieden große Knöpfe. Sie können auch ein Stück Fell darauf befestigen oder andere interessante Materialien wie Bänder, Filz oder einen Reißverschluss. Alles muss wirklich fest angenäht sein. Ziehen Sie Ihrem Kind das T-Shirt über und Sie werden feststellen, dass Ihr Kleines in Rückenlage begeistert seine »Oberfläche« und die verschiedenen Materialien darauf erforschen wird. Das schult zugleich seinen Tastsinn und seine Wahrnehmung.

Klappertüte

Packen Sie in eine Gefriertüte mehrere saubere Deckel von Babygläsern. Nun befestigen Sie die gut verschlossene Tüte mittig über dem Wickeltisch oder dem Bettchen. Dieser Boxsack für die Füßchen macht viel Spaß.

Schneebesenmusik

Binden Sie mit einer festen Schnur, zum Beispiel Paketband, kleine oder größere geschlossene Glöckchen an einen handelsüblichen Schneebesen. So hat Ihr Baby sein erstes Musikinstrument zur Hand, mit dem es begeistert spielen wird.

Klingel-Spiel: Alle Sinne sind auf Empfang gestellt beim Beobachten, Ertasten und Belauschen des lustigen Musikinstruments.

Alles aus der Mitte

Jetzt ist der richtige Zeitpunkt, um Ihrem Baby Spielzeug aus der Mitte anzubieten. Geeignet sind dazu alle spannenden Spielzeuge, die sich in der Mitte über seinem Bett oder dem Wickeltisch befestigen lassen. Dabei kann sich Ihr Kind frei entscheiden, mit welcher Hand es zugreift.

Knistersocke

Geräusche sind ja so interessant. Vor allem, wenn man sie auch noch anfassen kann: Stecken Sie in eine Socke etwas Knisterfolie und verknoten Sie sie anschließend. Ein Spielzeug, das Ihr Baby in seinen Bann ziehen wird.

Deckenschaukel: Schaukeln ist für Ihr Baby die beste Übung für seinen Gleichgewichtssinn und macht so viel Spaß.

Und noch ein Sockenspaß

Befestigen Sie eine Schnullerkette an einem Söckchen Ihres Baby. Liegt es auf dem Rücken, wird es schnell sein Beinchen hochnehmen, um an das Spielzeug zu kommen. Sein anderes Bein nimmt es im Schwung der Begeisterung gleich mit.

So stark bin ich!

Auch in Bauchlage kann Ihr Kind nun nach Spielzeug greifen, das direkt vor ihm in der Mitte liegt. Locken Sie es mit Spielzeug; jetzt können Sie es ihm auch leicht von oben anbieten. Wenn es sehr interessiert ist, wird es seinen Arm sogar heben und sich auf dem anderen abstützen.

Alles fest im Griff

Mit der Zeit greift Ihr Kind nicht mehr mit der Kleinfingerseite sondern mit der Daumenseite. Diese Art des Greifens nennt man radiales Greifen. Sie stellt einen wichtigen Entwicklungsschritt dar. Unterstützen können Sie dieses Greifen, indem Sie Ihrem Baby immer mal wieder Spielzeug von der Daumenseite her anbieten.

Schaukelspiel

Wenn Sie jetzt das Schiffchen-Schaukeln von Seite 66 mit Ihrem Kind üben, hebt es seinen Kopf vielleicht sogar schon selbstständig von der Unterlage ab. Ihr Baby liegt dabei auf dem Rücken auf Ihrem Schoß, sodass es sie anblicken kann. Nun schaukeln Sie es sanft hin und her.

Küchen-Spielzeug

Unter Ihren Kochutensilien finden Sie die tollsten Spielzeuge, die Sie mit ein paar Handgriffen spannend umgestalten können: Es gibt Kochlöffel mit Löchern, durch die Sie bunte Bänder ziehen können. Dieses Spielzeug kann Ihr Kind ausdauernd erforschen. Oder Sie stecken in einen Schneebesen eine rote Holzkugel. Ihr Baby wird versuchen, mit spitzen Fingern an den geheimnisvollen Inhalt zu kommen.

Einmal tauschen?

Geben Sie Ihrem Baby ein Spielzeug in die Hand. Wenn dieses in die andere Hand gewandert ist und Ihr Kind es ausreichend untersucht hat, bieten Sie ihm einen Tausch an. Knisternde Gegenstände kommen dabei besonders gut an. Wie wäre es mit einer Knistersocke (siehe Seite 74)?

Deckenschaukel

Ein toller Spaß ist diese selbstgemachte Schaukel aus einer Decke oder einem Badehandtuch. Legen Sie Ihr Baby dazu in Rückenlage auf das Tuch und heben dieses an zwei Enden hoch. Die anderen beiden Enden ergreift Ihr Partner. Jetzt heben Sie das Tuch ein wenig hoch und schaukeln Ihr jauchzendes Baby sanft hin und her. Bei diesem Schaukelspiel werden der Gleichgewichtssinn und die Wahrnehmung Ihres Kindes besonders angesprochen.

Pizzateig kneten

Bei dieser Massage liegt Ihr Baby – von Ihnen abgewandt – auf der Seite. Legen Sie eine Hand an seine Schulter, die andere über seinen Beckenkamm. Geben Sie nun mit der einen Hand einen leichten Druck nach vorne und gleichzeitig mit der anderen Hand einen leichten Druck nach hinten. Verschieben Sie auf diese Weise sanft den Becken- und Schultergürtel gegeneinander – so, als würden Sie einen Teig kneten. Diese Massage macht durch das rasche Wechselspiel vielen Kindern großen Spaß.

Ballgymnastik

Sie können die Bauchlage Ihres Kindes unterstützen, indem Sie ihm ein kleines gerolltes Handtuch unterlegen. Das ermöglicht ihm einen leichteren Einarmstütz und es hat eine Hand frei zum Spielen. Sie können Ihr Baby aber auch mit dem Bauch über einen aufgeblasenen Wasserball legen. Halten Sie es am Becken gut fest und rollen Sie den Ball nach vorne und zurück, nach rechts und nach links. Das hilft Ihrem Kind dabei, sich zunehmend besser abzustützen.

Hoch hinaus: Ein Wasserball ist eine wackelige Angelegenheit. Wenn Sie Ihr Baby am Becken stabilisieren, kommt es gut in die Aufrichtung.

MEILENSTEIN 7: HANDSTÜTZ

Ihr Baby hat im letzten halben Jahr unglaublich viel gelernt! Es erkennt Mama und Papa und weiß ganz genau, zu wem es gehört. Es versteht auch bereits die ersten Wörter und lächelt bewusst in freundliche, ihm zugewandte Gesichter. Sie erkennen wiederum die Gefühle Ihres Kindes sehr gut an seiner Mimik. Jetzt beginnt ein weiterer spannender Lebensabschnitt: die Entdeckung der Fortbewegung.

7 HANDSTÜTZ

Ein echter Entdecker

Ihr Baby wird zunehmend mobiler. Jetzt wird es sich bald selbstständig vom Rücken auf den Bauch drehen können. So fühlt sich die Welt noch einmal ganz anders an. Jetzt kann Ihr Kind auch schon genau abschätzen, was auf seiner Unterlage zum Greifen nah ist und sich durch Drehen sogar auf interessante Objekte und Spielzeuge zu bewegen.

JETZT, AM ENDE DES SECHSTEN MONATS, IST IHR KIND in der Lage, Menschen und Dinge mit seinem Blick längere Zeit zu fixieren und deren Bewegungen zu verfolgen. Seine Hände setzt es zum gezielten Greifen und Stützen ein. Die Zeit der Aufrichtung und Fortbewegung beginnt: Die Bewegungslust und der Entdeckerdrang Ihres Kindes sind kaum zu stoppen.

Die Welt wird immer spannender

Fällt Ihrem Kind ein Spielzeug aus den Händen, wird es eine großartige Entdeckung machen, um wieder in seinen Besitz zu kommen. Es wird sich drehen! Diese Bewegung geschieht aus eigenem Antrieb noch unkoordiniert von der Rücken- in die Bauchlage. Noch einige Wochen später wird Ihr Kind den Bewegungsablauf verfeinern und kann dann den Drehprozess bewusst unterbrechen und zum Beispiel auf der Seite weiterspielen. Das Zurückdrehen auf den Rücken kann es jetzt allerdings in der Regel noch nicht einleiten.

In der Bauchlage zeigt Ihr Baby für kurze Zeit wieder eine symmetrische Entwicklung: Um besser seine natürliche Neugier befriedigen zu können, stützt es sich gleichmäßig auf seine Handteller. Aus dem Unterarmstütz ist der Handstütz mit gestreckten Ärmchen geworden! Durch die gleichmäßige Belastung der geöffneten Händchen entwickelt Ihr Kind jetzt ein

> **Wichtig** *Nachdem die alten Reflexe erloschen sind, kommen nun die* **Schutzreflexe** *hinzu: der* **Blinzelreflex (Opticofacialis-Reflex)** *und die* **Abstützreaktion der Arme und Hände.** *Der Blinzelreflex erscheint etwa im sechsten Monat. Ihr Kind kann zu diesem Zeitpunkt beidseitig blinzeln.*

7 HANDSTÜTZ

Gefühl für die sogenannte Tiefensensibilität. So nennt man die Fähigkeit, sich selbst wahrzunehmen. Die ganz geöffnete Hand braucht Ihr Baby auch für das spätere Krabbeln. An sich ist der Handstütz in der Bauchlage eine motorische Sackgasse. Ihr Baby hat in dieser Position keine Möglichkeit zur Fortbewegung. Es kann kein Spielzeug erreichen oder gar untersuchen. Allerdings gewinnt Ihr Kind dadurch eine bessere Übersicht und kann sich besser im Raum orientieren.

Mama, wo bist du?

In seinem sechsten Lebensmonat gewinnt Ihr Kind immer mehr Kontrolle über seine Gefühle und somit auch über sein Handeln. Es will immer mehr aktiv am Familienleben teilhaben, mit am Esstisch sitzen (bitte noch nicht im Hochstuhl, sondern bei den Eltern im Arm!) und wünscht sich nichts mehr als die ungeteilte Aufmerksamkeit von Mama oder Papa. Wenn diese den Raum verlassen, bekommt es Verlustängste. Das war bisher anders: Es nahm seine Eltern nur wahr, wenn sie auch anwesend waren. Waren sie nicht da, vermisste es sie auch nicht. Über Nacht ändert sich dies und Ihr Baby beginnt regelrecht, an Ihrem »Rockzipfel« zu hängen. Wenn Sie weg sind, fühlt es sich allein und will Sie wieder um sich haben. Das wird es auch stimmlich kundtun, indem es weint oder laut nach Ihnen ruft. Diese Entwicklung zeugt von der einsetzenden beginnenden emotionalen Intelligenz Ihres Kindes. Es lernt seine Gefühle kennen und die von anderen Menschen zu deuten. So weint Ihr Baby auch mit, wenn ein anderes Kind in Tränen ausbricht.

Kuck mal an!

Ihr Baby kann nun seine Kiefer auch seitlich bewegen und ist damit in der Lage zu kauen bzw. festere Nahrungsmittel zu sich zu nehmen. Jetzt beginnt die Zeit des Zufütterns. Damit kündigt sich auch das Ende der sogenannten oralen Phase an. Der innere Drang, alles in den Mund zu stecken,

Schau', was ich schon kann

- › Ihr Baby beherrscht nun eine gute Kopfkontrolle.
- › In Bauchlage stützt es sich mit gestreckten Armen auf die ganz geöffneten Handflächen ab. So kann es sich auch nach rückwärts schieben.
- › Es dreht sich vom Rücken auf den Bauch.
- › In Rückenlage greift es zu seinen Unterschenkeln.
- › Der Handgreifreflex ist erloschen. Wenn Sie Ihrem Kind ein Spielzeug reichen, fasst es gezielt danach. Es ergreift den Gegenstand mit der ganzen Hand und kann ein Spielzeug zwischen beiden Händen wechseln.
- › Schutzreflexe entwickeln sich: die Abstützreaktion der Arme und Hände sowie der Blinzelreflex.
- › Fällt ein Spielzeug nach unten, schaut es ihm nach und freut sich, wenn es das »Spiel« wiederholen kann.

Ballstütz: Legen Sie Ihr Baby bäuchlings auf einen Gymnastikball, stützen es am Becken und rollen Sie den Ball vor- und rückwärts.

wird nach und nach überwunden und Ihr Kind beginnt, anders zu spielen. Jetzt versucht es, Gegenstände vermehrt mit Händen und Augen zu »begreifen«. Es nimmt aber noch die Dinge in den Mund, die ihm neu und unbekannt sind.

Alles zu seiner Zeit

*Die **Entwicklung Ihres Kindes** verläuft nicht geradlinig, sondern **immer sprunghaft**. Manchmal nimmt die kindliche Entwicklung auch Umwege über sogenannte **Ersatzbewegungsmuster**. Machen Sie sich dann bitte keine Sorgen, wenn Ihr Baby seine Lernfortschritte nicht nach Lehrbuch zeigt. Das ist eher normal. Nur wenn Sie das Gefühl haben, dass ständig Ersatzmuster auftauchen und **Abweichungen des optimalen Bewegungsablaufs** vorhanden sind, sollten Sie mit Ihrem Kinderarzt darüber sprechen.*

Wie sich das Gehirn entwickelt

Sobald Ihr Baby nun mit einer Hand nach einem Gegenstand greift, den Sie ihm aus der Mitte anbieten, ist ein weiterer wichtiger Fortschritt in seinem Gehirnwachstum erfolgt. Der Balken (corpus callosum) verbindet nun beide Gehirnhälften (siehe hierzu auch Seite 70), und das Split-Brain-Stadium ist überwunden. Dies ist eine Grundvoraussetzung für das Drehen vom Rücken auf den Bauch. Denn nur, wenn Ihr Kind mit der Hand über die Mitte greifen kann, ist diese Drehbewegung überhaupt möglich.

Mit rechts oder links?

Beim Ergreifen eines Gegenstandes sollte keine Hand dominierend sein und Ihr Baby immer zwischen beiden Händchen wechseln – ob Ihr Kind ein Rechts- oder Linkshänder wird, zeigt sich erst viel später mit drei bis vier Jahren. Bis dahin sollten beide Hände gleichmäßig zum Einsatz kommen. Jetzt, mit etwa einem halben Jahr, ist die Hand Ihres Kindes vollständig entfaltet. Es ist in der Lage, seine Daumen ganz abzuspreizen und die Finger durchzustrecken. Diese Entfaltung der Hand ist deshalb so wichtig, damit weitere berührungs- und tiefensensible Erfahrungen gemacht werden können. Die Fußentfaltung kommt dann erst mit dem Fußgreifen und wird mit dem freien Gehen abgeschlossen sein. Bis der Fuß Ihres Kindes jedoch seine endgültige Form mit ausgeprägten Fußgewölben hat, vergehen nochmals zwei Jahre.

Selbstständiges Drehen

Für das sich entwickelnde Drehen ist die Hand-Hand-Koordination die wichtigste Voraussetzung. Das allererste Drehen erfolgt zufällig: Das Kind spielt in Rückenlage mit einem Spielzeug, dreht und wendet es, betrachtet es interessiert – da fällt es ihm aus der Hand und bleibt seitlich in einiger Entfernung liegen. Das Kind wendet den Kopf, möchte sein Spielzeug unbedingt erreichen, greift überkreuz, strengt sich an und landet zu seiner eigenen Überraschung und recht schwungvoll auf dem Bauch. Schon kurze Zeit später wird es die Drehung allerdings bewusst einsetzen und seine zunehmende Beweglichkeit genießen.

Vom Bauch auf den Rücken

Sich wieder zurückzudrehen, also von der Bauchlage auf den Rücken, kann Ihr Kind dann oft genau zwei Wochen später. Dabei wirkt diese Drehung zunächst eher wie ein Fallen. Gerade Kinder, die die Bauchlage nicht besonders schätzen, zeigen diese Bewegungsvariation recht schnell. Allerdings handelt es sich dabei nicht um einen echten Entwicklungsschritt: Das Fallen wird immer mit einer Überstreckung der Wirbelsäule nach hinten eingeleitet und die Bauchmuskeln sind dabei nicht aktiv. Letztere spielen jedoch eine entscheidende Rolle beim Drehen und dabei, dass sich Ihr Kind gut in der Rücken- und Bauchlage halten kann. Eine aktive Bauchmuskulatur ist daran erkennbar, dass Ihr Baby seine Beine gegen die Schwerkraft abhebt und mit den Händen zu seinen Oberschenkeln und später zu seinen Knien und Unterschenkeln wandert. Bei dem »richtigen« Drehvorgang neigt Ihr Kind sein Köpfchen nach vorne und nimmt den Kopf dann mit in die Drehrichtung.

Für kleine Genießer

Gestalten Sie jede Mahlzeit für Ihr Kind wie ein kleines Ritual. Denn neben Schlafen und Spielen sind Mahlzeiten ein wichtiger Taktgeber. Sie können dabei auch zu jeder Mahlzeit eine Kerze anzünden und diese ausblasen, wenn Sie mit dem Essen fertig sind. Lassen Sie sich für jede Mahlzeit genügend Zeit. Denn jedes Genusserlebnis stellt für Ihr Kind eine neue geliebte Erfahrung dar. Zum Füttern können Sie zwei verschiedenfarbige Löffel verwenden. Der helle Löffel ist dann für die süßen Gerichte zuständig, der dunkle für deftigere Speisen.

Die richtige Haltung

Achten Sie bei jeder Mahlzeit auf die richtige Körperhaltung Ihres Kindes. Das ist insofern wichtig, als seine Zunge nur so richtig im Mundboden liegt und es die angebotene Nahrung gut aufnehmen kann. Vermeiden Sie eine Überstreckung seiner Wirbelsäule. Wenn Sie Ihr Kind auf dem Schoß halten, füttern sie es möglichst direkt von vorne und bieten ihm den Löffel mittig an. Das Kind sollte die Nahrung mit den Lippen aktiv und selbstständig vom Löffel nehmen, also bitte nicht jedes Mal den Löffel an der Oberlippe abstreifen.
Beim Füttern bilden die Augen, der Mund, die Hände und Füße des Babys eine Einheit. Das heißt, beim Essen gehören für Ihr Kind die Hände und die Füße genauso dazu wie sein Mund und seine Augen. Es schmeckt gewissermaßen mit dem ganzen Körper und ertastet sein Essen.
Wenn Sie einen Löffel mit Brei in die Backentaschen Ihres Kindes fließen lassen, beginnt es jetzt zu kauen. Spaß macht es auch, wenn Sie Ihr Baby mit seiner Zungenspitze das Essen schmecken lassen.

Rundherum: Zu Beginn steht das Überraschungsmoment, dann jedoch klappt das Drehen vom Rücken auf den Bauch ganz sicher.

Eine eigene Spielwiese

Richten Sie Ihrem Kind einen festen Platz im Wohnzimmer ein. So können Sie es auch einmal alleine spielen lassen und sind trotzdem ständig bei ihm. Eine rutschfeste Gymnastikmatte oder eine dünne Matratze dienen als Unterlage. Sie können auch kleine Höhenunterschiede in die Spielwiesenlandschaft einbauen. Diese fördern die nun beginnende Aufrichtungsphase Ihres Babys. Eine Hängematte, die Sie nur an einem Aufhängepunkt an der Decke festmachen, animiert zum Ausprobieren und fördert den Gleichgewichtssinn. Keilkissen, Rolle, Wasserball, Schwimmring und Co. gehören auch zum Ensemble. Wechseln sie das Spielzeug immer mal wieder aus. So bleibt die Spielwiese ein echter Abenteuerspielplatz.

So unterstützen Sie Ihr Baby am besten

Ihr Baby kann sich nun schon zunehmend allein beschäftigen, wenn es wach und munter ist. Vor allem auf seiner Spielwiese fühlt es sich wohl und kann sich hier wunderbar amüsieren und auf Entdeckungsreise gehen. Von Tag zu Tag wird es mobiler. Jetzt wird verschiedenartiges Spielzeug immer spannender.

Faszinierend: Achten Sie darauf, dass bei den Wäscheklammern keine Drähte abstehen. Dann ist unbeschwertes Spielvergnügen garantiert.

Wäscheklammern

Ein weiteres tolles Spielzeug für die Spielwiese Ihres Babys ist ein Körbchen mit Wäscheklammern aus Holz, Plastik und in den verschiedensten Farben. Darin kann Ihr Kind herumwühlen und spannende Entdeckungen machen.

Schüssel-Spiel

Bieten Sie Ihrem Baby verschieden große Plastikschüsseln zum Spielen an. In Rückenlage wird es dabei mit Begeisterung seine nackten Füßchen zum Spielen einsetzen. Wenn sich Ihr Baby in Bauchlage befindet, können Sie Holzkugeln in einer größeren Schüssel kreiseln lassen, die es sich dann nach Belieben herauspicken kann.

Bilder zum Fühlen

Schneiden Sie aus grobem und feinem Sandpapier Tiere, ein Haus, einen Ball und vieles mehr. Lassen Sie Ihrer Kreativität freien Lauf. Kleben Sie diese »Fühlbilder« auf verschiedenfarbige stabile Kärtchen und geben Sie sie Ihrem Baby.

Schwammspiel

Füllen Sie eine größere, nicht zu tiefe Schüssel mit wenig (!) Wasser und legen einen frischen Haushaltsschwamm oder einen Naturschwamm hinein. Er saugt sich mit dem Wasser voll. Legen Sie Ihr Baby in Bauchlage vor die Schüssel und lassen es nun zusehen, wie Sie das Schwämmchen ausdrücken und die Schüssel wieder voll Wasser ist.

Rolle rückwärts

Für viele Babys ist das Zurückdrehen von der Bauch- in die Rückenlage noch eine eher schwierige Unternehmung. Manche lassen es auch ganz, weil Sie bei vorangegangenen Versuchen vielleicht einmal auf dem Hinterkopf gelandet sind und ihnen das wehgetan hat. Helfen Sie Ihrem Kleinen deshalb zunächst dabei, indem Sie es sanft zurück in die Rückenlage drehen und dabei mit Ihrer Hand seinen Rumpf und Nacken leicht beugen. Denn auch beim Zurückdrehen sollte Ihr Baby seinen Kopf einrollen und nicht nach hinten überstrecken.

Füßchenmassage

Massieren Sie die Fußsohlen Ihres Kindes mit Ihren Fingerspitzen von den Fersen bis zu den Zehen und streichen Sie auch immer die Seiten aus. So regen Sie die Durchblutung der Füße an und Ihr Baby kommt ganz nebenbei in den Genuss einer schönen Entspannungseinheit.

Ich mach' Musik

Füllen Sie die gelben Döschen von Überraschungseiern mit unterschiedlichen Materialien. Gut geeignet sind Reis, kleine Nudeln, Salz oder Sand. Verschließen Sie die Döschen gut und verkleben Sie sie zur Sicherheit mit einem breiten, stark klebenden Band, damit Ihr Baby nicht aus Versehen etwas von den Füllstoffen verschluckt. Reichen Sie Ihrem Kind zunächst nur ein Döschen zum Spielen, um es nicht zu überfordern. Wenn es sich an das Spielzeug gewöhnt hat, dürfen es auch ein oder zwei mehr sein.

Klapperkiste

Aus einem kleinen Schuhkarton wird eine große Rassel! Bestücken Sie ihn mit einem oder mehreren Gegenständen, die spannende Geräusche machen, wenn Ihr Baby den Karton kippt, dreht und bewegt. Variieren Sie auch mal den Inhalt, legen Sie ein interessantes Spielzeug hinein, um gemeinsam neuen Geräuschen auf die Spur zu kommen!

Auf dem Schoß: Unterstützen Sie die Drehbewegung Ihres Babys, indem Sie ihm vorne Halt geben und von hinten einen sanften Schubs.

 Kuckuck: Versteckspiele unter einem Tuch, das Sie dann schnell wieder wegziehen, bringen Ihr Kind zum Staunen.

Wo bin ich?

Legen Sie sich in Bauchlage vor Ihr Baby oder setzen Sie sich im Schneidersitz vor es hin. Legen Sie sich nun ein Tuch über den Kopf. Für Ihr Baby sind Sie damit verschwunden. Wie groß ist deshalb die Freude, wenn Sie mit einem Lachen und: »Da ist die Mama!« unter Ihrem Versteck auftauchen. Spielen Sie das Spiel öfter mit Ihrem Baby, so wird es versuchen, den Zauber selbst aufzulösen und Ihnen das Tuch vom Kopf ziehen. Das Spiel können Sie auch mit einem Stofftier durchführen.

Päckchen drücken

Ihr Baby liegt auf der Seite. Mit einer Hand umfassen Sie nun seine Beine, Ihre andere Hand liegt an seinem Schulterblatt. Mit sanftem Druck bringen Sie Ihr Baby nun wie ein kleines Päckchen in die Beugung. Das darf in diesem Alter auch schon ein wenig wilder sein, wenn es Ihrem Kind behagt.

Schubkarre

Setzen Sie sich im Fersensitz auf den Boden und legen Sie Ihr Kind in Bauchlage auf Ihre Oberschenkel. Ihr Baby kann sich dabei vorne auf dem Boden mit seinen Händen abstützen. Achten Sie darauf, dass seine Händchen dabei ganz geöffnet und die Daumen abgespreizt sind. Sobald diese kleine Übung gut funktioniert, können Sie Ihr Baby auch am Rumpf umfassen und es so am Boden abstützen lassen.

Rollenspiele

Umkleben Sie eine leere WC-Rolle mit Reststoff, der entweder schön bunt ist oder eine interessante Struktur hat. Nun kann Ihr Kind damit experimentieren.

Was ist denn das?

Machen Sie sich die unaufhörliche Neugier Ihres Babys zunutze, um seine Kopfhaltung zu trainieren. Gerade die Fähigkeit, seinen Kopf nach vorne einzurollen ist wichtig, um den Rumpf für das spätere Krabbeln vorzubereiten. Da sich die Halswirbelsäule dabei nach vorne beugt, kommt auch die Lendenwirbelsäule in den »Katzenbuckel« und die Bauchmuskeln Ihres Kindes werden aktiviert. Legen Sie Ihr Baby deshalb immer einmal wieder im Unterarm- oder Handstütz auf eine spannende Spieldecke, auf der es viel zu entdecken gibt (auch unter dem Bauch! Siehe Seite 66). Oder Sie legen es auf einen Spiegel. Dabei wird es seinen Kopf einrollen, um sich besser betrachten zu können.

Das bist du!

Ihr Baby bekommt erst allmählich einen Eindruck von seinem eigenen »Ich«. Spiegelspiele helfen dabei, dieses Ich zu visualisieren. Stellen Sie an das Kopfende des Wickeltisches einen Spiegel und schauen Sie gemeinsam mit Ihrem Kind hinein: »Das sind wir!« Dann lassen Sie Ihr Baby allein hineinschauen und sagen: »Das bist du!«

Hallo, ich!

Mit diesem Spiel machen Sie Ihrem Baby doppelt Freude. Einerseits zeigen Sie ihm dabei sein Spiegelbild, andererseits macht das Schaukeln auf dem großen Gymnastikball großen Spaß. Legen Sie vor den Ball auf den Boden einen Spiegel. Ihr Baby liegt in Bauchlage auf dem Ball und Sie halten es am Becken gut fest. Nun rollen Sie den Ball nach vorne, sodass Ihr Kind mit den Händen nach vorne greift, sich auf dem Spiegel abstützt und zugleich sein fröhliches Gesicht entdeckt. Ein faszinierendes Bewegungsspiel, das nach vielen Wiederholungen verlangt. Gönnen Sie Ihrem Baby danach etwas Ruhe.

Alles, was mir Spaß macht

Materialien zum Fühlen und Vergleichen sind nach wie vor sehr spannend. Verschiedene Größen, Formen, Gewichte, Oberflächen werden immer wieder aufs Neue erforscht, wandern von einer Hand in die andere und zur Überprüfung auch noch einmal in den Mund. Auch Badetierchen, Holztiere, kleine Bälle und bunte Bänder sind eine wunderbare Abwechslung. Schön zum Ertasten sind kleine Stoffsäckchen, in die Sie Perlen, Erbsen, Mais, Gries oder Reiskörner einnähen. Lassen Sie Spielzeug nach einer Weile auch wieder verschwinden, um Ihr Kind nicht zu überfordern oder zu langweilen, und bieten sie es später wieder an.

Wo ist mein Spielzeug?

Legen Sie ein Lieblingsspielzeug Ihres Kindes auf eine kleine Erhöhung oder hinter ein niedriges Hindernis. Ihr Baby liegt davor auf seinem Bauch. Neugierig wird es sich aufstützen.

Hab' dich: Ein Spielzeug von einer etwas erhöhten Oberfläche zu greifen erfordert Geschick und eine gute Koordinationsfähigkeit.

MEILENSTEIN 8: ROBBEN

Neben dem Drehen – jetzt auch vom Bauch auf den Rücken – entdeckt Ihr Baby noch andere Möglichkeiten der Fortbewegung. Immerhin gilt es, die Welt zu erkunden. Zu diesem Zweck möchte es naturgemäß immer weitere Kreise ziehen. Ihr Kind kann dabei eine enorme Kreativität entwickeln: Vom Kreisen um die eigene Achse, über das Schieben nach rückwärts bis hin zum Robben ist alles möglich.

8 ROBBEN

»Ich kann schon ganz viel bewegen!«

Ihr Baby befindet sich nun in einer Art Übergangsphase, was seine motorische Entwicklung anbelangt. Mit den vergangenen Meilensteinen vom Unterarmstütz über den Einzel-Ellenbogenstütz hat es bereits alles gelernt, was es für die nächste Erweiterung seines Horizonts braucht. Diese Fertigkeiten setzt es nun ein, um sich von seiner Spielwiese aus zu größeren Entdeckungstouren aufzumachen.

VIELE KINDER SIND AM ENDE DES SIEBTEN MONATS in der Lage, sich von der Bauch- in die Rückenlage und ohne größere Probleme wieder zurückzudrehen. In ihrem Drang nach mehr beginnen manche Babys nun, in der Bauchlage um die eigene Achse zu kreisen. Das erweitert das Gesichtsfeld ungemein und ist besonders auf glatten Böden und bekleidet mit Strumpfhose oder Strampler sehr lustig. Andere entdecken das Rückwärtsschieben für sich und stellen verblüfft fest, nachdem sie sich im symmetrischen Handstütz nach hinten befördert haben, dass das Spielzeug nun viel weiter weg liegt als vorher. Als Gegenbewegung entwickelt das Kind dann in aller Regel das Robben nach vorne.

Geht noch etwas mehr?

Jetzt ist das Verlangen nach Neuem und nach Spielzeug außerhalb der Reichweite so groß, dass Ihr Kind alle möglichen Anstrengungen auf sich nimmt, um das Gewünschte zu erreichen. Mit den in den letzten Monaten erworbenen Fertigkeiten kann es sich jetzt im Wechsel mit den Armen auf dem

> **Wichtig** *Spätestens jetzt sollten sie Ihre Wohnung kritisch auf Gefahrenquellen hin inspizieren. Auch das Bettchen Ihres Babys sollten Sie niedriger stellen. Es dauert nicht mehr lange, bis sich Ihr Kleines an den Stäben hochzieht und Sie morgens aufrecht stehend begrüßt. Die Rückenlage wird jetzt zunehmend uninteressanter. Gerne hüpft es dafür jetzt, gut am Rumpf festgehalten, auf einer stabilen Unterlage oder den Oberschenkeln von Mutter und Vater.*

Schau', was ich schon kann

- › Sehr neugierige Kinder können jetzt robben: Dabei kriechen sie auf dem Bauch und ziehen sich abwechselnd mit den Armen nach vorne.
- › Vielleicht kreiselt Ihr Baby auch in Bauchlage um die eigene Körperachse (Pivoting).
- › Ihr Kind drückt sich in Bauchlage hoch in den Vierfüßlerstand und schaukelt dann vor und zurück (Rocking).
- › Bei drohenden Stürzen schnellen seine Arme nach vorne Richtung Unterlage. Diese Abstützreaktion (Sprungbereitschaft) ist ein Schutzmechanismus.
- › Ihr Baby dreht sich aktiv vom Rücken auf den Bauch und wieder zurück. Dabei kann es nach Belieben den Drehvorgang stoppen.
- › Es kommt in Seitenlage mit aufgestelltem Fuß in den sogenannten Zwergensitz. Dabei stützt es sich auf dem unten liegenden Arm ab und setzt zugleich sein oberes Bein zum Abstützen ein.
- › Es spielt in Rückenlage mit seinen Füßen.
- › Ihr Kind ergreift mit beiden Händen je einen Gegenstand und hält ihn kurzfristig fest.
- › Wenn Ihr Baby wach ist, unterhält es Sie mit munteren Plaudereien. Dabei reiht es verschiedene Silben bei wechselnder Lautstärke und Tonhöhe aneinander.
- › Es verfolgt eingehend alles, was Sie tun.
- › Es kann sich die Mütze vom Kopf ziehen und auch seine Socken ausziehen.
- › Die Fremdelphase beginnt.

Bauch nach vorne ziehen. Seine Beine zieht es dabei locker nach, oder sie helfen bei der Bewegung ein bisschen mit. So erreichen viele Kinder langsam aber sicher den Meilenstein des Robbens! Er ist aber nur von kurzer Dauer, denn eigentlich möchte Ihr Kind höher hinaus. Das Ziel heißt krabbeln.

Auf vier Füßen

Sobald Ihr Kind sich im Handstütz befindet, ist es nicht in der Lage einen heiß begehrten Gegenstand zu erreichen. Es befindet sich wieder in einer motorischen Sackgasse. Diese beflügelt es allerdings: Jetzt drückt es sich weiter hoch und kommt dadurch in den Vierfüßlerstand. Zum ersten Mal belastet es so seine Knie. Nur kommt es auch so dem Objekt seiner Begierde nicht näher. Trotzdem wird Ihr Kind aus Begeisterung an dieser neuen Haltung damit anfangen, vor und zurück zu schaukeln (engl. »rocking«).

Das Rocking hält zwei Wochen an. Eltern gewinnen jetzt oft den Eindruck, als stünde das Kind kurz vor dem Krabbeln. Da Arme und Beine beim Vierfüßler gleichmäßig belastet werden, kann sich das Krabbeln nicht aus dem Rocking entwickeln. Aber das Kind wird in eine andere wichtige Position aus dem Vierfüßler gelangen: in den Sitz (siehe Meilenstein 9, Seite 94). Denn wenn das Kind beim Rocking ein bisschen zu heftig schaukelt, kann es zu seinem eigenen Erstaunen schon mal im schrägen Sitz landen.

Dageblieben: An einem Tier auf Rollen, das vor seiner Nase langsam davongezogen wird, hat Ihr Baby auch jetzt schon große Freude.

So unterstützen Sie Ihr Baby am besten

Um an sein Spielzeug zu kommen, wechselt Ihr Baby von einem Einzel-Ellenbogenstütz in den anderen: Ihr Kind robbt! Auf diese Weise schiebt es sich nach vorne, auf einer glatten Unterlage sogar schon bald mühelos. Manche Kinder lassen das Robben ausfallen und nutzen die Zeit, um bereits Erlerntes zu trainieren und bestimmte Fähigkeiten noch weiter zu verfeinern.

Rutschpartie

Legen Sie Ihr Baby mit dem Bauch auf ein Sofakissen. Seine Hände bleiben vorne auf dem Boden. Platzieren Sie ein interessantes Spielzeug in kurzer Entfernung und Ihr Kind rutscht sanft nach vorne hinunter, um das Spielzeug zu bekommen. So gewinnt es ein Gefühl für die Vorwärtsbewegung.

Immer im Kreis

Locken Sie Ihr Kind, wenn es in Bauchlage auf dem Boden liegt, immer wieder einmal mit einem Spielzeug von der Seite. So wird es angeregt, sich um seine eigene Achse zu drehen (Pivoting). Das Spielzeug schieben Sie dabei immer wieder ein wenig weg. Eine gute Vorbereitung für das Krabbeln!

Rappelflasche

Nehmen Sie eine durchsichtige Plastikflasche und füllen Sie sie nicht ganz mit Erbsen oder bunten Perlen. Verschließen Sie sie anschließend sorgfältig. Ihr Kind kann die tolle Flasche auf dem Boden herumrollen und Geräusche damit machen.

Dose mit Kordel

Ein schönes Spielzeug, bei dem Ihr Kind erfährt, dass sein Tun eine Wirkung nach sich zieht, ist eine Dose mit Kordel. Schneiden Sie dazu ein kleines Loch in den Plastikdeckel einer Kaffee- oder Brotdose. Drehen Sie aus dicker Wolle eine 20 cm lange Kordel, die Sie durch das Loch im Deckel ziehen. An der Innenseite des Deckels befestigen Sie am Kordelende einen großen Knopf, der dafür sorgt, dass die Kordel nicht ganz durch das Loch gezogen werden kann. Das äußere Ende verknoten Sie. Jetzt kann Ihr Kind an der Kordel ziehen und sie wird dabei immer länger. Danach heben Sie den Deckel ab und ziehen die Kordel wieder zurück.

8 ROBBEN

Körner-Regen: Guck mal, was da rieselt! Interessante Berührungserlebnisse bieten Sonnenblumenkerne, Rosinen & Co.

Nudelregen

Bestreuen Sie eine Plastikunterlage mit verschiedenen Materialien. Dazu können Sie zum Beispiel ein paar Nudeln, Kaffeebohnen, Reiskörner oder auch Vogelsand verwenden. Setzen Sie die Materialien immer nacheinander ein. Ihr Baby kann darin mit seinen Händen und Füßen spielen, an den Materialien schnuppern und sie genau inspizieren. Lassen Sie Nudeln oder Reis vor den Augen Ihres Kindes herabregnen und über seine Händchen oder Füßchen rieseln. Dieses Spiel sollte Ihr Kind nur mit Ihnen zusammen spielen, um nicht aus Versehen etwas zu verschlucken.

Hoch und runter

Breiten Sie eine große Plane oder Decke auf dem Boden aus und legen Sie verschieden große Kissen und Bälle, Pappkartons und Papprollen sowie andere geeignete Dinge darunter. Nun darf Ihr Kind angezogen oder auch mal ohne Kleidung über den Parcours robben. Das ist ganz schön anstrengend, aber gut für starke Babymuskeln!

Lustige Handpuppen

Aus Waschlappen können Sie lustige bunte Handpuppen fertigen. Nähen Sie aus Wolle oder Stoffstreifen Haare an, Knöpfe für die Augen und eine dickere Kugel für die Nase. Den Mund zeichnen Sie dick mit Stoffmalfarbe (Bastelladen).
Variante 1: Umwickeln Sie einen Tennisball mit einem Stück Stoff, das Sie unten zusammenbinden. Auf den Ball malen Sie ein Gesicht. Vielleicht befestigen Sie auch noch ein paar Haare aus Wollfäden auf dem Kopf. Dann stecken Sie den Ball, in den Sie unten ein Loch bohren, auf einen Stock oder Rührlöffel.
Variante 2: Auch auf einfarbige Papiertüten können Sie mit Filzstiften Gesichter malen und sie so zu Handpuppen werden lassen, die auch noch knistern können!
Variante 3: Setzen Sie auf jeden Finger eine Fingerpuppe (Bastel- oder Spielzeugladen). So kann die ganze Hand einen Fingerreim aufzählen.

Finger-Spiel: Mit den tollen Fingerpuppen können Sie Ihrem Baby Geschichten erzählen oder Lieder vorsingen.

 Kleiner Schubs: Mit einem flachen Kissen unter dem Becken und einer Stütze an den Füßchen fällt es Ihrem Baby leichter zu robben.

Ich helfe dir

Kinder, die sich mit dem Robben schwertun, denen aber durchaus anzusehen ist, dass Sie an ein weiter entfernt liegendes Spielzeug kommen möchten, sind dankbar für eine kleine Hilfestellung. Stützen Sie Ihr Baby, das dabei auf dem Bauch liegt, einfach etwas an den Füßen ab. So fällt es ihm leichter, sich abzudrücken und nach vorne zu rutschen. Sie können aber auch Schultern und Becken Ihres Babys halten und es ein wenig hin und her schaukeln. Manchmal hilft diese Gewichtsverlagerung, um sich leichter abzudrücken.

»Da bist du ja wieder!«

Sehr spaßig ist das Rollen durch die ganze Wohnung. Dabei rollen Sie Ihr Kleines sanft über den Teppich vom Rücken auf seinen Bauch und wieder zurück. Immer wenn es auf dem Rücken landet, begrüßen Sie es fröhlich mit einem: »Da bist du ja wieder!« Ihr Baby wird sich dabei königlich amüsieren.

Fang die Schnur

Fertigen Sie aus dicker Wolle eine starke Kordel an und verknoten Sie beide Enden. Ziehen Sie die Kordel vor Ihrem Baby, das in Bauchlage auf dem Boden liegt, hin und her. Es wird begeistert versuchen, danach zu schnappen und sich dabei nach allen Seiten wenden.

Kugelbahn

Nehmen Sie eine leere Küchenpapierrolle und lassen Sie größere Holzkugeln langsam und nacheinander hindurch laufen. Dabei halten Sie die Rolle leicht schräg. Ihr Kind wird hochinteressiert den Vorgang betrachten, wie oben eine Kugel hineingesteckt wird und anschließend über den Boden kullert. Vielleicht fühlt es sich dadurch auch motiviert, selbst eine Kugel oben in die Öffnung zu stecken.

Sockenspiel

Etwas größere Socken kann sich Ihr Kind jetzt schon ganz leicht ausziehen. Ein großer Spaß, vor allem, wenn Sie es zwischendurch immer wieder an seinen nackten Füßchen kitzeln.

Komm doch!

Sehr interessant sind auch jetzt schon Tiere zum Nachziehen, die sich langsam vor den Augen Ihres Kindes entfernen. Geben Sie Ihrem Kind das Nachziehtier zuerst zum Spielen und locke es dann damit. Es wird den kleinen Ausreißer anschließend wieder einfangen.

Sind so kleine Füße

Unterstützen Sie Ihr Kind immer wieder dabei, seine Füßchen mit den Händen zu ergreifen und sie mit dem Mund zu erforschen. Da Sie das liebste Turngerät Ihres Babys sind, macht das auf Ihrem Schoß besonders viel Spaß. Ziehen Sie dazu zwischendurch Ihrem Kind immer wieder die Söckchen aus, streicheln, massieren und drücken Sie seine Füße.

Zwergensitz

Diese Position ist gar nicht so einfach. Aber Ihr Kind lernt durch diese Art Sitzhaltung, sich allmählich aufzurichten. Sie können ihm dabei helfen, indem Sie Ihr Baby auf den Schoß nehmen. Legen Sie es seitlich hin und stellen Sie seinen oberen Fuß im rechten Winkel etwa in Höhe seines Schambeins auf. Halten Sie sein Füßchen dabei sanft fest und üben Sie einen sanften Druck auf die Unterlage aus. So kann sich Ihr Kind auch leichter auf seinen Unterarm stützen. Wenn Sie es nun mit einem Spielzeug locken, hebt Ihr Kind dabei vielleicht sogar schon seinen Kopf und greift mit seiner freien Hand danach. Sie können sich auch seitlich hinter Ihr Kind auf den Boden legen, um es noch besser abzustützen.

Ri-ra-rutsch

Ein aufregendes Spiel für einen warmen Sommertag: Wenn Sie einen Garten haben, steht einem tollen Rutschspiel nichts mehr im Wege, – vor allem zusammen mit Freunden oder älteren Geschwistern. Breiten Sie dazu auf einer leicht abschüssigen Fläche eine Plastikplane aus. Darauf verteilen Sie ein Gemisch aus Wasser und Schmierseife. Lassen Sie Ihr nacktes Kind nun über die schiefe Ebene sanft nach unten rutschen. Ein großartiges Vergnügen!

Bergauf geht's

Wenn Sie Ihrem Kind eine leichte Schräge bergauf anbieten, kräftigt es beim Robben seine Rumpfmuskeln. Für das spätere Krabbeln ist das nur förderlich. Aber auch die Motivation, ein interessantes, noch unbekanntes Spielzeug zu erreichen, welches oben auf der Schräge liegt, aktiviert das Robben. Packen Sie unter ein Brett eine gerollte Decke oder ein dickes Kissen und legen Sie Ihr Kind so auf das Brett, dass es leicht bergauf zu liegen kommt. Mit seinen Füßen kann sich Ihr Baby an Ihren Händen abdrücken und besser nach vorne kommen. So ist das Spielzeug schon bald zum Greifen nahe!

Schräglage: Für ein interessantes Spielzeug wie den gelben Flieger im Bild wird Ihr Kind auch das Bergauf-Robben nicht scheuen.

MEILENSTEIN 9: SITZEN

Jetzt sind fast alle Kinder so weit, dass sie sich aus eigener Kraft aufsetzen können. Das eröffnet ganz neue Perspektiven und Blickpunkte. Was für eine Überraschung, wenn Ihr Kind es zum ersten Mal geschafft hat, sich aus dem Vierfüßler seitlich abzusetzen! Dieses Erlebnis ist so toll, dass Ihr Baby es anschließend immer öfter wiederholen wird. Bewegung macht Spaß – und man bekommt so viel mehr zu sehen!

9 *SITZEN*

Alles im Lot

Der Bewegungsradius Ihres Babys hat sich in den letzten Wochen enorm vergrößert. Robbend oder kreiselnd kommt es schnell und gut durch die ganze Wohnung und dreht sich mit Leichtigkeit vom Rücken auf den Bauch und wieder zurück. Der Sitz erschließt nun den Raum nach oben. Dieser Entwicklungsfortschritt steht weiter im Sinne der Fortbewegung und der Aufrichtung.

VIELE KINDER ERREICHEN DIESEN MEILENSTEIN AM Ende des achten Monats. Jetzt finden sie zum ersten Mal eigenständig eine richtige Sitzposition: den sogenannten schrägen Sitz. Er ist die Grundposition für alle weiteren Bewegungsschritte in die Aufrichtung und der Übergang zum Krabbeln.

Jetzt habe ich die Hände frei!

Ihr Kind hat verschiedene Möglichkeiten, in den schrägen Sitz zu kommen. Entweder stützt es sich im Zwergensitz nicht mehr nur auf seinen Unterarm ab, sondern stemmt sich im Handstütz nach oben. Auf diese Weise belastet es seitlich seinen Po und den unten liegenden Oberschenkel. Hüft- und Kniegelenke sind dann in der so erreichten Sitzposition angewinkelt. Jetzt braucht es nur noch eine Hand zum Stützen. Die andere Hand kann es jetzt über den Kopf recken. Es kann so aber

> **Wichtig** *Solange Ihr Kind noch nicht selbstständig in den Sitz kommt, sollten Sie es bitte nicht hinsetzen. Sonst verliert es seine Orientierung am Boden: Es kann zum einen die Höhe nach unten nicht einschätzen und findet auch nicht von selbst wieder zurück auf seinen Bauch oder Rücken. Das Kind lernt so nicht, sich weiter fortzubewegen, kommt nicht selbstständig zum Hochziehen und auch nicht zum Krabbeln. Oft entwickeln sich daraus die sogenannten »Popo-Boden-Rutscher«. Lassen Sie Ihrem Baby die Zeit, die es braucht, um sich selbstständig aufzurichten. Und* **unterstützen Sie es liebevoll mit den Spielen von Seite 98 f.**

auch mit Spielzeug hantieren oder schon geschickt kleine Krümel vom Boden auflesen. Nun verfeinert sich das Greifen erneut und der Pinzettengriff entwickelt sich. Bei diesem Präzisionsgriff benutzt Ihr Kind Daumen und Zeigefinger wie eine Pinzette. Seine Fingerspitzen berühren sich dabei ganz genau.

Schräger Sitz

Eine weitere Möglichkeit, in den schrägen Sitz zu gelangen, bietet der symmetrische Handstütz in Bauchlage. Dabei richtet das Kind seinen Rumpf so gut auf, dass nur noch die Oberschenkel belastet und die Hüftgelenke vollständig gestreckt sind. Stemmt es sich nun noch höher, erreicht es den Vierfüßlerstand. Wenn es in dieser Position sicher ist, kann es sich dann seitlich hinsetzen.

So sitzt du jetzt bei uns

Verwenden Sie einen Hochstuhl zum Füttern erst, wenn Ihr Kind selbstständig sitzt. Erst dann ist sein Rücken so stark, sodass es nicht im Hochstuhl in sich zusammensackt. Verzichten Sie außerdem auf Kissen oder Sitzverkleinerer im Hochstuhl. Empfehlenswert hingegen ist eine rutschfeste Unterlage unter den Füßen und auf der Sitzfläche. So kann sich Ihr Kleines besser abstützen und den Rücken leichter aufrichten.

Zur Ruhe kommen

Nach den Bewegungsabenteuern des Tages wird es Ihrem Baby manchmal gar nicht so leichtfallen, abends zur Ruhe zu finden. Gestalten Sie deshalb ein entspannendes Einschlafritual, mit dem Sie den Tag ausklingen lassen.
Ein kleines Gespräch über den Tag, Kuscheln, Schmusen oder ein Schlaflied helfen Ihrem Baby, sich auf die Schlafenszeit einzustellen. Je konsequenter Sie und Ihr Partner das Ritual einführen, desto besser gewöhnt sich Ihr Kind daran und das Einschlafzeremoniell kann seinen Sinn als Haltgeber im Tagesrhythmus erfüllen.

Schau', was ich schon kann

> Ihr Kind gelangt aus der Bauchlage oder dem Vierfüßlerstand selbstständig zum schrägen Sitz und wieder zurück auf den Bauch.
> Vom schrägen Sitz kommt es in den Ringsitz. Hierbei sind die Beine leicht gebeugt. Die Wirbelsäule ist dabei noch rund geformt. Aber beide Hände sind zum Spielen frei. Später erreicht es den Langsitz. Dabei sind beide Beine gestreckt und liegen fast parallel. Die Wirbelsäule ist aufgerichtet.
> Ihr Baby kann in Rückenlage beide Beine senkrecht nach oben strecken.
> Es nimmt in Rückenlage seine Füße in den Mund.
> Ihr Baby kann leise sprechen und flüstern.
> Auf die Fragen: »Wo ist die Mama? Wo der Papa?« sucht Ihr Baby seine Lieben mit den Augen. Es erkennt seinen Namen und wendet sich zu seinen Eltern, wenn sie seinen Namen nennen.

Hingesetzt: Das Sitzen eröffnet Ihrem Baby völlig neue Möglichkeiten. Die Hände sind frei und können alles nach Belieben erforschen.

So unterstützen Sie Ihr Baby am besten

Sobald Ihr Baby sitzt, hat es die Hände frei, die es immer vielfältiger und gezielter einsetzen wird. Dies eröffnet ihm wieder neue Erfahrungswelten. Alltagsgegenstände wie Topf und Schüsseln ersetzen nun manch liebgewordenes Spielzeug. Auch Plastikfläschchen mit verschiedenen Verschlüssen erforscht Ihr Kind nun sehr beharrlich und mit nicht nachlassender Neugier.

Schoß-Galopp: »Hoppe, hoppe Reiter« *und andere Schoßreitspiele – je wilder, desto toller – sind jetzt sehr gefragt.*

Igels Sonntagsspaziergang

Sie haben Ihr Kind auf Ihrem Schoß. Es blickt Ihnen dabei ins Gesicht. Jetzt reimen Sie:
»Igels machen sonntags früh
eine schöne Bootspartie.
Und die Kinder lachen froh,
denn das Boot,
das schaukelt so.
Nicht so doll, spricht Mutter Igel,
denn ihr hab ja keine Flügel.
Und wenn ihr ins Wasser fallt,
brrrrrr ist das kalt.«
Während Sie den Reim aufsagen, schaukeln Sie Ihr Kind wie im Boot und machen die Flügelbewegungen mit ihm nach, indem Sie mit seinen Armen wedeln. Am Schluss des Reims lassen Sie sich beide zur Seite fallen.

Ballmassage

Sehr wohltuend und entspannend für den Rücken ist die Massage mit einem Tennisball oder einem aufgeblasenen Luftballon. Rollen Sie diesen in großen und kleinen Kreisen über den bekleideten Rücken Ihres Kindes. Später können Sie auch einen Igelball verwenden.

Deckel mit Innenleben

Bekleben Sie verschieden große Deckel von Gurken-, Senf- oder Marmeladengläsern mit unterschiedlichen Materialien. Wellpappe, Fell, Watte, Samt, Schmirgelpapier sind gut geeignet. Ihr Kind wird die Deckel mit großem Interesse befühlen und damit spielen.

Wackel-Wärmflasche

Eine mit etwas Wasser gefüllte Wärmflasche ist ein lustiges Sitzplätzchen für Ihr Kind: Sie gluckert und schaukelt so schön und Ihr Kind muss sich ab und zu seitlich mit der geöffneten Hand abstützen.

Fliegender Koffer

Vielleicht haben Sie noch ein Exemplar auf dem Speicher oder im Keller. Falls nicht, fragen Sie bei Bekannten oder Verwandten nach oder besorgen Sie sich auf dem Flohmarkt einen alten Koffer. Mit seinen Schnallen, dem Griff und den Fächern auf den Innenseiten weckt dieses tolle Spielzeug die Neugier jedes Kindes. Es kann zum Koffer robben und sich an den Rändern hochziehen. Es kann Spielzeug hineinwerfen und wieder ausräumen oder einfach auf dem Deckel herumtrommeln. Auch ein großer Korb weckt die Neugier Ihres Kindes. Hier kann es sich an den Rändern aus dem Vierfüßlerstand auf die Knie hochziehen.

Was passiert denn da?

Nehmen Sie eine Papprolle (WC- oder Haushaltsrolle), schneiden von beiden Seiten ein Loch in die Rolle und ziehen eine 20 cm lange Wollkordel oder Paketschnur hindurch. Ein Ende wird mit einem großen Knoten verknotet, am andern Ende befestigen Sie eine Holzperle oder ein Holztierchen. Nun kann Ihr Kind selbstständig mal auf der einen, mal auf der andern Seite daran ziehen. Entdeckerfreude und Spielspaß kommen von ganz allein. Dieses Spiel ist auch noch in einem späteren Entwicklungszeitraum sehr schön.

Tolle Flaschen

Füllen Sie kleine durchsichtige Kunststoffflaschchen mit Stroh, Federn, kleinen Kieseln, Perlen und allerlei verschiedenartigen Materialien. Verschließen Sie die Flaschen sorgfältig und kleben Sie die Deckel mit Klebeband gut zu. Hier gibt es viel zu sehen und zu hören.

Für Entdecker: Hier gibt es viel zu erforschen und zu erkunden. Später dient der alte Koffer auch als Stütze, um sich aufzustellen.

Kugelbad

Füllen Sie ein Kinderplantschbecken mindestens bis zur Hälfte mit großen Plastikbällen. Diese gibt es günstig in Spielzeuggeschäften zu kaufen. Setzen Sie Ihr Baby in diese wunderbare Trockenbadewanne. So spürt es die Kugeln intensiv und am ganzen Körper.

Bunte Bälle: Ein Bad der ganz besonderen Art. Hier kann man auch toll Greifen, Werfen und wieder Einräumen üben.

Reiterspiele

Auf Ihrem Rücken durch die ganze Wohnung zu reiten, macht Ihrem Kind großen Spaß. Außerdem muss es alles daran setzen, um oben zu bleiben. Galoppieren Sie deshalb zu Anfang nicht allzu schnell.

Auf vier Füßen

Wenn sich Ihr Kind noch ein wenig schwer mit dem Vierfüßlerstand tut, können Sie unter seinem Bauch ein Badehandtuch durchführen. Heben Sie dieses nun an beiden Enden sanft an. Auf diese Weise erleichtern Sie Ihrem Baby den Handstütz, und es kann mit dieser Hilfestellung seine Beine besser anbeugen.

Ich von oben

Zur Unterstützung des Vierfüßlerstandes ist ein großer Spiegel das ideale Hilfsmittel. Legen Sie Ihr Kind dazu mit dem Bauch auf den Spiegel. Damit es sich sehen kann, wird es sich vorne aufstützen und mit etwas Unterstützung am Becken auch seine Beinchen anbeugen.

Der kleine Hund auf dem Ball

Der große Gymnastikball ist einfach ideal zum Üben. Versuchen Sie es mal mit dem Vierfüßler auf dem Ball. Dazu umfassen Sie den Bauch Ihres Kindes, lassen es mit seinen Händchen auf den Ball stützen und beugen die Beinchen leicht an. Jetzt halten Sie es gut fest und rollen immer ein bisschen nach vorne und wieder zurück.

Ein- und Ausräumen

Ihr Kind lernt, dass es etwas bewegen kann. Stellen Sie ihm ein Körbchen auf seine Spielweise, mit dem es sich auch einmal ein paar Minuten ganz alleine beschäftigen kann. Darin liegen so wunderbare Dinge wie große Holzperlen, Wäscheklammern, Kastanien, verschiedenartige Hölzer – alles so groß, dass es untersucht, aber nicht verschluckt werden kann. Mit Wonne wird Ihr Kind nun damit beginnen, das Körbchen aus- und wieder einzuräumen.

Stab und Ringe

Für dieses Spielzeug benötigen Sie einen ca. 20 cm langen Holzrührlöffel und Vorhangringe aus Holz. Setzen Sie sich nun zu Ihrem Kind und zeigen Sie ihm, wie das Spiel geht. Dazu halten Sie den Rührlöffel mit der Spitze nach oben. Nun geben Sie Ihrem Kleinen einen Vorhangring in die Hand. Halten Sie Ihrem Kind nun den Stab entgegen. Es wird die Ringe nacheinander auffädeln.

Meine schöne Kette

Eine gut verknotete Kette mit bunten großen Perlen macht allen Kindern viel Freude. Man kann sie erforschen, an den Perlen drehen, sie in den Mund stecken und sich einfach köstlich damit amüsieren.

Auf der Wiese

Ein guter Anreiz für Babys, die in der warmen Jahreszeit zum Sitzen kommen, ist ein spannender Untergrund, wie ihn nur die Natur zu bieten hat. Das kann natürlich ein Sandkasten im Freien sein – der Dauerbrenner unter den Draußen-Spielzeugen – aber auch eine frisch gemähte Wiese. Blühende Wiesen sind weniger zu empfehlen wegen Bienen und Insekten. Legen Sie Ihr Baby auf den Rasen. Es wird die Bauchmassage genießen und sich schnell hochstemmen, um so in den schrägen Sitz zu kommen. So lassen sich ausgezupfte Grashalme auch viel besser untersuchen.

Ahoi: Aufgepasst, eine Welle! Die Kinderbadewanne ist im Spiel ein kleines Boot, das Mama durch die stürmische See steuert.

»Fährt ein Schifflein übers Meer ...«

Setzen Sie Ihr Kind in in eine Babybadewanne. Nun schaukeln Sie es von einer zur anderen Seite und sprechen dazu:
»Fährt ein Schifflein übers Meer,
schaukelt hin und schaukelt her.
Kommt ein riesengroßer Wind,
fährt das Schifflein fort geschwind.
Kommt ein großer Sturm daher,
fällt das Schifflein um ins Meer.
Hat es einen Kapitän
kann man es bald wieder sehn.
In den Hafen fährt's geschwind,
hui, da freut sich jedes Kind.«

MEILENSTEIN 10: KRABBELN

Nach der Übergangsphase des Robbens, die selten länger als zwei Monate andauert, wird Ihr Kleines immer mobiler. Wahrscheinlich hat es auch schon gelegentlich den schrägen Sitz ausprobiert. Sobald diese Position einigermaßen stabil ist, kann es passieren, dass Ihr Kind ein interessantes Spielzeug erblickt und dann einfach loskrabbelt. Das wirkt zu Beginn noch etwas unkoordiniert, gibt sich aber schnell. Ihr Baby sieht dabei sehr zufrieden aus, schließlich kann es jetzt zwischen mehreren Bewegungsvarianten wählen!

10 KRABBELN

Endlich mobil!

Viele Kinder unternehmen aus dem schrägen Sitz heraus ihre ersten Krabbelversuche, werden immer wendiger und sind dann kaum noch zu bremsen. Ihre Aufmerksamkeit ist jetzt besonders gefragt: Passen Sie gut auf Ihren kleinen Entdecker auf! Zu den neuen Errungenschaften gehört jetzt auch der Langsitz. Ihr Baby schiebt sich aus dem Handstütz nach hinten in den Vierfüßler, setzt sich seitlich ab und streckt die Beine: Jetzt kann es sich mit beiden Händchen ins Spiel vertiefen.

OFT IST ES AM ENDE DES NEUNTEN MONATS SO WEIT: Aus dem schrägen Sitz heraus entwickelt sich das Krabbeln. Dieser Schritt hin zu einer gesteigerten Mobilität ist für die motorische Entwicklung eines Kindes von großer Bedeutung. Lässt ein Baby diesen Meilenstein aus, entwickeln sich vor allem die Koordinationsfähigkeit, der Gleichgewichtssinn und die Tiefensensibilität nicht optimal. Auch wird die Rumpfstabilität nicht so gut trainiert, die für die spätere Aufrichtung wichtig ist.

Ab heute wird gekrabbelt!

Beim Krabbeln führt ein Kind zudem Kreuzbewegungen aus, weil ein Arm jeweils mit dem gegenüberliegenden Bein gemeinsam agiert und den Schritt nach vorne tut. Das trainiert wiederum die Zusammenarbeit der beiden Gehirnhälften, denn die Bewegungen der einen Körperseite werden durch einen Großteil der Nervenfasern der gegenüberliegenden Gehirnhälfte gesteuert. Da beide Gehirnhälften unterschiedliche Funktionen innehaben, ist eine gute Koordinierung von Vorteil. Die linke Hemisphäre ist bei den meisten Menschen für Sprache und logisches Denken zuständig, die rechte für Kreativität und Vorstellungskraft. Wenn Sie Ihr Baby frühzeitig an die Bauchlage gewöhnt haben und es nicht zu früh hinsetzen oder gar hinstellen, kann es das Krabbeln als schnelle Fortbewegungsart vor dem Gehen entdecken. Wenn die Qualität der

> **Wichtig** *Leichter fällt das Krabbeln, wenn die Bodenverhältnisse in der Wohnung entsprechend vorteilhaft sind. Auf glattem Parkett oder Fliesen krabbelt es sich schlechter als auf weicherem Teppichboden, der mehr Halt gibt.*

vorangegangen Meilensteine stimmt, kommt ein Kind in der Regel gut zum Krabbeln. Wann Ihr Kleines krabbelt ist weniger wichtig, als dass es überhaupt krabbelt, denn Krabbeln ist ein genetisch angelegtes Bewegungsmuster.

Schau', was ich schon kann

- Ihr Baby hat eine neue Herausforderung: das Krabbeln.
- Es sitzt jetzt mindestens eine Minute frei.
- Wenn der Arzt die Stehbereitschaft Ihres Kindes testet, so knickt es nicht mehr ein und steht – an den Händen gehalten – mindestens eine halbe Minute lang.
- Ihr Kind nimmt einen Würfel in einem Behälter wahr und greift in den Behälter hinein.
- Es lässt einen Gegenstand absichtlich fallen und freut sich über ein neues Aufheb- und Fallenlass-Spiel.
- Ihr Kind spricht mit deutlichen Silbenverdoppelungen. Mit neun Monaten können manche Kinder schon die ersten Worte sprechen.
- Es äußert Wünsche durch bestimmte Laute, indem es zum Beispiel »äh!« sagt
- Ihr Baby fremdelt jetzt deutlich unbekannten Personen gegenüber. Es reagiert auf Lob und Verbote.
- Wenn Sie Ihr Kind dazu auffordern, Ihnen einen Gegenstand zu reichen, so tut es das.

Unterwegs zu neuen Ufern

Sobald Ihr Kind den Vierfüßlerstand erreicht hat, befindet es sich wieder in einer motorischen Sackgasse. Dadurch entsteht das Verlangen, eine Hand frei zu bekommen. Auf diese Weise bahnt sich das Krabbeln – die erste Fortbewegungsweise des Menschen – an. Auch das Spielen aus dem schrägen Sitz, bei dem Ihr Kind unbedingt ein weiter entferntes Spielzeug erreichen will, fördert die Orientierung nach vorne und nach oben. Ein Kind, das dann endlich krabbeln kann, verzichtet anschließend aufs Robben. Schließlich geht es so auch viel schneller, um von einem Ort zum anderen zu kommen. Durch das Krabbeln nimmt Ihr Baby neue Reize wahr: Seine Handflächen bekommen Informationen über den Untergrund, wodurch Ihr Kind seine Erfahrungen über seine Umwelt und sich selbst vertieft. Die Krabbelphase dauert meist drei Monate.
Es gibt Entwicklungsforscher, die dem Krabbeln weniger Bedeutung zumessen. Nach Prof. Remo Largo (ehemals Universitäts-Kinderklinik Zürich) und Prof. Richard Michaelis (Universitäts-Kinderklinik Tübingen) überspringen bis zu 15 Prozent der Kinder das Robben und Krabbeln, ohne Schaden an ihrer motorischen Entwicklung zu nehmen. Andere, zu denen Prof. Vojta (ehemals Kinderklinik München und Karls-Universität Prag) gehört, erkennen bei Kindern, die nicht gekrabbelt sind, auch später noch motorische Einschränkungen. Ermutigen Sie Ihr Kind zum Krabbeln, aber verzweifeln Sie nicht, wenn es einfach nicht krabbeln will: Kinder sind keine Automaten, sondern individuelle Wesen mit ihren ganz eigenen Vorlieben.

Hereingekrabbelt: Ja, was ist denn hinter dieser bunten Tür? Ein toller Ort zum Verstecken – ein eigenes (Karton-)Haus!

So unterstützen Sie Ihr Baby am besten

Aus- und einräumen machen jetzt großen Spaß. Die spannendsten Orte in der Wohnung sind jetzt die, in denen Schränke und Fächer dazu verlocken, alles gründlich zu erforschen und darin herumzuwerkeln. Gönnen Sie Ihrem Kind die Freude und richten ihm in Wohnzimmer oder Küche ein eigenes Fach mit Schätzen aus Alltagsgegenständen ein. Es wird hingebungsvoll damit beschäftigt sein.

Guten Appetit!

Jetzt können Sie Ihr Kind allmählich daran gewöhnen, aus einer Tasse oder einem Glas zu trinken. Seine Kieferbildung können Sie unterstützen, indem Sie Ihrem Kleinen Brotkrusten zu kauen geben. Das fördert die Mahlbewegung. Apfelstückchen zum Kauen sind weniger empfehlenswert. Da sie leicht brechen ist die Gefahr für Ihr Baby, größere Stücke zu verschlucken, sehr groß.

Ich fang' dich

Krabbeln ist lustig, vor allem, wenn ein tolles Fangspiel daraus wird. Begeben Sie sich dazu auch in den Vierfüßler – und los geht das große Krabbeln. Wenn Sie sich zwischendurch unter einem Stuhl oder hinter dem Sofa verstecken und mit einem fröhlichen Gesicht wieder auftauchen, wird die ganze Sache noch unterhaltsamer.

Wo ist das Licht?

Ein schönes Spiel für Dämmerstunden: In einem abgedunkelten Raum können Sie mit einer Taschenlampe Lichtflecke auf den Boden werfen. Ihr Kind wird die Lichter begeistert fangen wollen. Werfen Sie die Lichtflecke nur langsam und nicht zu schnell hintereinander an verschiedene Orte. Sie können auch aus Tonpapier einen Mond oder einen Stern ausschneiden und diese Figur auf die Taschenlampe kleben. Nun erstrahlen Mond oder Stern auf dem Boden oder auf der Wand.

Hilf mir mal!

Sollte Ihr Baby noch nicht ganz koordiniert krabbeln, helfen Sie ihm. Halten Sie ihm im Vierfüßlerstand das Becken und geben ihm mit Ihren Händen und sanftem Druck die Krabbelbewegungen an den Beinen vor.

10 KRABBELN

 Abenteuerlich: Immer schön vorsichtig und unter Mamas Augen ist das Wippe-Spiel ein echtes Abenteuer für beherzte Babys.

Wippe

Legen Sie über eine kleine Deckenrolle ein breites Brett. So bauen Sie eine Wippe, über die Ihr Kind krabbeln kann. Kontrollieren Sie das Brett beim Kippen, sodass es nicht so abrupt kippt und das Kind sich erschrickt. Durch die Gewichtsverlagerung auf der anderen Seite wird sein Gleichgewichtssinn angesprochen.

Fühlkissen

Befüllen Sie Kissenbezüge mit Reißverschluss mit Styroporkügelchen. Diese Kissen sind toll zum Spielen, darauf Sitzen, darüber Klettern, Werfen, Fühlen und Kuscheln.

Wackelboden

Auf einem aufblasbaren Gästebett oder einer Luftmatratze machen das Krabbeln und Spielen besonders viel Freude. Der wackelige Untergrund bietet zusätzliche Erlebnisreize. Darauf kann man später auch wunderbar herumhopsen.

Wo bin ich?

Legen Sie über einen kleineren Tisch eine große Tischdecke, die bis auf den Boden herunterhängt. Jetzt hat Ihr Kind sein eigenes Krabbelhäuschen. Und, husch, weg ist es.

Turm umwerfen

Türmchen bauen kann Ihr Kind erst nach seinem ersten Geburtstag, aber beim Türmchen-Umwerfen zeigt es jetzt schon viel Ausdauer. Spielen Sie gemeinsam und bauen Sie aus Holzbausteinen oder aus Plastikbechern einen Turm, den Ihr Kind mit viel Gepolter umwerfen darf.

 Lausemädchen: Der Dauerbrenner: Den Turm, den Mama gebaut hat, unter großem Gepolter und Geklapper zum Einsturz bringen.

Turnübung: Auf der Mauer, auf der Lauer. Auf der Mama geht das auch, ist aber viel lustiger und vor allem kuscheliger.

Kletterbaum

Setzen Sie sich zu Ihrem Kind auf den Boden und lassen Sie es an sich herumklettern. Auch wenn Sie es zum Tragen hochnehmen möchten, lassen Sie sich Zeit: Fordern Sie es stattdessen auf, ruhig ein wenig zu turnen. So kommt Ihr Baby an seinem »Lieblingsspielgerät« ganz leicht in die Aufrichtung.

Ball in die Dose

Schneiden Sie in den Plastikdeckel einer Metalldose (z.B. für Kaffee) ein Loch und drücken sie die Schnittkanten so nach innen, dass sich Ihr Kind nicht daran verletzen kann. Das Loch darf nur so groß sein, dass eine passende Holzkugel hindurch passt. Ihr Baby kann dann die Kugel durch die Öffnung drücken und hat nun ein toll schepperndes Musikinstrument. Öffnen Sie den Deckel und geben ihm die Holzkugel. Es wird begeistert mit dem Spiel fortfahren.

Einfach umwerfend!

Ihr Kind sitzt auf dem Boden auf einer weichen Unterlage. Nähern Sie sich ihm krabbelnd: »Hier kommt ein Hund, der stupst mein Kind!« Geben Sie ihm nun einen leichten Schubs, dass es kurz aus dem Gleichgewicht gerät und sich auf der Seite mit seiner geöffneten Hand abstützt. Jetzt kommt der Hund von der anderen Seite. Diese Übung ist eine gute Vorbereitung, damit Ihr Kind seine Hand öffnet. Nur so kann es Druck auf die Unterlage aufbauen und krabbeln.

Hin und her

Setzen Sie und Ihr Partner oder eine Freundin sich zu zweit gegenüber. Grätschen Sie Ihre Beine. Ihr Baby krabbelt zwischen Ihnen. Rufen Sie es nun abwechselnd bei seinem Namen, fangen es dann auf und knuddeln es. Es wird begeistert zwischen Ihnen hin- und herpendeln.

Wer fängt den Ball?

Setzen Sie sich neben Ihr Kind auf den Boden und rollen Sie einen Ball nach vorne. Jetzt fragen Sie Ihr Baby: »Wer fängt den Ball?« und krabbeln mit ihm um die Wette. Das Ganze geht anschließend wieder retour und so lange, wie es Ihnen und Ihrem Baby Freude macht. Genauso funktioniert das Krabbel-Fangspiel. Sie krabbeln Ihrem Kind hinterher und versuchen es zu fangen, um es dann durchzukitzeln. Irgendwann wird auch Ihr Baby hinter Ihnen herkrabbeln.

Auf hoher See

Sobald Ihr Baby sicher sitzt, kann es auch in der Babywanne versuchen, sich gegen die »Elemente« zu stemmen. Spielen Sie einmal Wind und lassen Sie Ihr Kind mal sanft, mal ein wenig wilder hin- und herschaukeln. So versucht es spielerisch immer wieder ins Gleichgewicht zu kommen und wird gleichzeitig durch das Wasser gehalten.

Hindernisparcours

Krabbeln auf unebenem Gelände macht noch mehr Spaß, vor allem, wenn einen dabei Lieblingsspielzeuge erwarten. Bauen Sie einen kleinen Parcours aus Kissen, Rollen oder Polstern und platzieren Sie Spielzeuge so, dass Ihr Kind keine Mühen scheut, um an das Objekt der Begierde zu gelangen. Noch lustiger wird es, wenn Sie sich als lebendes Hindernis dazwischen legen und Ihr Baby über sich hinweg krabbeln lassen.

Krabbeln im Tunnel

Im Spielzeugbedarf gibt es Krabbeltunnel, an denen manche Kinder viel Vergnügen haben, weil Sie sich hier drinnen schön verstecken können. Sie können sich dabei immer an ein Ende des Tunnels legen, um Ihr Baby hindurchzulocken. Legen Sie mal eine Decke auf den Tunnel: Spannend ist hier der Wechsel zwischen eng und weit, zwischen dunkel und hell.

Im Versteck

Manchen Babys macht es großen Spaß in einem kuscheligen Raum zu spielen. Legen Sie ihm dazu eine Matratze nicht zu weit von der Wand entfernt hin und setzen Ihr Kind in den »Graben« zwischen Polster und Wand oder lassen es hineinkrabbeln. Hier kann es sich an der Wand abdrücken und mit Füßen oder Händen am Schaumstoff abstützen. So werden seine Rumpfmuskeln aktiviert, die es für die Aufrichtung braucht.

Hängematte

In einer Hängematte lässt es sich nicht nur entspannt schaukeln und mit Mama schmusen. Sie ist auch toller Aufbewahrungsplatz – vorausgesetzt sie hängt tief genug – für allerlei Spielzeug, das Ihr Baby hinaus- und wieder hineinräumen kann. Wenn die Hängematte tief genug und wie eine Schlaufe von der Decke hängt, können Sie Ihr Kind auch quer und in Bauchlage in die Hängematte legen, und zwar so, dass es sich mit den Händchen vor der Hängematte aufstützen und spielen kann. So kann es sich auch schon selbst ein wenig Schwung geben!

Schaukelspiel: In einer nahe über dem Boden schwingenden Hängematte kann Ihr Baby sich auch schon selbst mit seinen Füßen abstoßen.

MEILENSTEIN 11: HOCHZIEHEN

In den letzten Wochen und Monaten konnten Sie gut beobachten, wie sich Ihr Baby einen Meilenstein nach dem anderen erarbeitet hat. Beim gemeinsamen Spielen hat das besonders viel Freude gemacht. Aus dem schrägen Sitz heraus kam Ihr Kind zum Krabbeln. Es war plötzlich in der Lage, bequem mit ausgestreckten Beinen zu sitzen und mit beiden Händen zu spielen. Und nun, häufig zwei Wochen nach dem Krabbeln, zieht es sich hoch und kommt in den Stand.

11 HOCHZIEHEN

»So groß bin ich!«

Die beiden letzten Meilensteine Ihres Babys, der schräge Sitz und das Krabbeln, bieten die idealen Voraussetzungen, um höher hinaus zu kommen. Schon im schrägen Sitz richtet sich das Kind hoch auf, greift über seinen Kopf und orientiert sich neugierig im Raum. Eine ausgiebige Krabbelphase sorgt dafür, dass der Rumpf Ihres Kindes stabil ist. So hat es alles gelernt, was es für die aufrechte Haltung braucht. Jetzt geht es in die nächste Runde!

VIELE KINDER ERREICHEN DIESEN MEILENSTEIN AM Ende des zehnten Monats. Verläuft die Entwicklung Ihres Kindes normal, so wird es sich in jeder Hinsicht mehr nach oben recken. Dazu gehört auch, aus dem Sitzen oder dem Krabbeln nach oben zu greifen, um so den über ihm liegenden Raum zu erfassen. Auch hier ist wieder die kindliche Neugier die Triebfeder jeder sich anbahnenden Entwicklung. Bietet sich ein interessanter Anreiz auf einem höher gelegenen Platz, den Ihr Kind sehen kann, so zieht und stemmt es sich nach Kräften nach oben, um an das gewünschte Spielzeug oder den Gegenstand zu kommen, den es da erspäht hat. Anfangs zieht es sich hauptsächlich mit den Armen hoch, später haben auch seine Beinchen schon genügend Kraft, um den Körper nach oben zu stemmen. Viel Lob von Mama und Papa sind dabei ein Ansporn für den kleinen Entdecker.

Schritt für Schritt nach oben

Ihr Kind richtet sich aus dem schrägen Sitz oder aus der Krabbelposition auf. So kann es sich an einem Möbel hoch in den Kniestand ziehen, dann ein Bein aufstellen, im sogenannten Halbkniestand verharren und sich dann in den Stand an Möbeln nach oben ziehen. Später wird es auch in der Lage sein, an einer glatten Wand in den Stand hochzukommen.

Wichtig *Ziehen Sie Ihr Kind bitte nicht in den Stand. Warten Sie einfach ab,* bis es von selbst seinen Weg in die Aufrichtung findet! *Erst dann können sie sicher sein, dass sein Körper vorbereitet ist. Sein Rumpf ist dann stabil genug und seine* Füße bereit zum Stehen.

11 HOCHZIEHEN

Da es bis zum ersten Schritt noch mindestens drei Monate dauert, nutzt Ihr Baby die Zeit, um das Stehen zu üben. Anfangs wird es noch etwas breitbeinig und unsicher stehen. Von Tag zu Tag wird es aber immer sicherer und schon bald hangelt es sich an einem Möbelstück entlang, wobei es sich noch gut mit beiden Händen festhält.

Schau', was ich schon kann

- Die meisten Kinder krabbeln jetzt sicher.
- Ihr Baby setzt sich alleine aus der Rückenlage auf und kann geraume Zeit im Langsitz spielen, also frei mit geradem Rücken und locker gestreckten Beinen.
- Es zieht sich an Möbeln selbstständig zum Stehen hoch und steht, solange es sich mit beiden Händen festhalten kann, selbstständig.
- Ihr Kind kann die Stufe einer Treppe hochkrabbeln.
- Ihr Kind wirft Spielzeug absichtlich weg oder hinunter: Das macht schön Krach und Ihr Baby fühlt sich als der Herr oder die Herrin aller Dinge.
- Es kann zwei Würfel waagerecht aneinanderklopfen. Wenn Sie Ihr Baby nach einer ihm bekannten Person fragen, sucht es nach ihr durch Kopfdrehen.
- Eine Puppe oder ein Stofftier wird liebkost.
- Ihr Baby versucht beim Anziehen durch eigene Bewegung mitzuhelfen.

Bald kann ich laufen!

Der mit dem Kniestand erreichte Meilenstein ist eine kurze Zwischenstation auf dem Weg zur weiteren Aufrichtung. Dabei ähnelt die Haltung Ihres Kindes, wenn es sich das erste Mal an einem Möbelstück hochgezogen hat, eher einem Festhalten denn einem Stehen. Nichtsdestotrotz wird es sehr stolz auf das Erreichte sein und sich in der nächsten Zeit der weiteren Perfektionierung dieser Position widmen. Denn was ist schöner als die Erweiterung des eigenen Horizonts? In dieser neuen Position der Aufrichtung kann sich Ihr Kind wieder aufs Neue im Raum orientieren und die Welt sieht gleich noch einmal anders aus. Da es jetzt auch in der Ferne scharf sehen kann, bleibt kaum mehr etwas unentdeckt.

Da Stehen üben und an Möbeln entlang zu balancieren ein äußerst mühsames Unterfangen ist, fällt Ihr Baby dabei oft recht unsanft auf seine vier Buchstaben. Manchmal führt das auch dazu, dass ein Kind ein Päuschen einlegt und sich von dem Ausflug nach oben erst einmal zwei Wochen erholen muss. Danach allerdings geht es schon wie von selbst. Allmählich kann Ihr Kind dann auch aus dem Stand wieder zurück in die Hocke gehen.

Durch die Belastung der Füße wird die Tiefensensibilität des Fußes gestartet. Das bedeutet, dass das Kind über die nackten Füße unbewusst ein Gefühl sowohl für den Boden als auch für das eigene Körpergewicht bekommt.

Halt' mich fest: Im Sessel ist es besonders gemütlich. Setzen Sie Ihr Baby auf Ihren Schoß und geben ihm an seinen Füßen festen Halt.

So unterstützen Sie Ihr Baby am besten

Ihr Baby spielt immer noch am liebsten mit Ihnen oder in Ihrer Gegenwart. Jetzt erweitert sich allmählich sein Radius nach oben, weshalb alles, was auf dem Tisch oder in Regalen steht – und insbesondere Treppen – eine große Anziehungskraft entwickeln. Ein waches Auge, sanfte Hilfen und liebevolle Ermunterung helfen Ihrem Baby auf dem Weg in die weitere Selbständigkeit.

Schachteln, groß und klein

Schachteln und Dosen in allen Größen sind immer ein wunderbares Spielzeug. Sie müssen nicht zwingend einen Deckel haben. Manchmal ist es aber spannender, wenn man vorher eine Schachtel öffnen muss, um ihr Inneres zu erkunden. Zeigen Sie Ihrem Baby beim ersten Mal, wie das funktioniert. Dann lässt sich noch viel mehr damit anstellen: Schachteln oder Dosen ineinander oder übereinander stapeln, ein Haus damit bauen – oder, wenn ein Karton groß genug ist, sich auch wunderbar darin verstecken.

Schiffchen fahren

Befestigen Sie an einem flachen Holzstück oder einer Rinde ein Holzstäbchen mit einem kleinen dreieckigen Papiersegel. Das Rindenboot kann dann im Plantschbecken oder in der Badewanne fahren – oder Sie setzen es bei einem gemeinsamen Spaziergang in einem Bächlein aus und sehen ihm dabei zu, wie es forttreibt. Einfach anpusten und los geht's.

Baby-Skateboard

Befestigen Sie einen alten kleinen Autoreifen auf einem runden Rollbrett für Blumentöpfe (Baumarkt). Das Reifen-Rollbrett lädt ein zum Klettern, Schieben, Geschobenwerden, Hineinsetzen und vielem mehr. Wenn Sie ein Seil daran befestigen, können Sie Ihr vergnügtes Kind darauf durch die ganze Wohnung ziehen.

Wackelboden

Wenn Ihr Kind auf einer Luftmatratze stehen will, muss es sich noch gut festhalten, an Ihnen oder auch an einem Stuhl, auf dem interessantes Spielzeug liegt. Das ist sehr gut für die Entwicklung seines Gleichgewichtssinns!

Stufe um Stufe: Die obere Etage ruft! Treppen steigen will gelernt sein, deshalb sollten Sie anfangs bei der Erkundung behilflich sein.

Treppenkrabbeln

Eine Treppe ist ein toller Übungsplatz, allerdings nicht ganz ungefährlich. Machen Sie Ihr Kind deshalb unbedingt mit der Treppe vertraut und bleiben Sie immer bei ihm, wenn es hier »übt« und versucht, immer weiter und weiter nach oben zu gelangen. Eine »Übungstreppe« lässt sich gut aus Styropor herstellen. Kleben Sie drei Stufen mit Paketklebeband zusammen und überkleben Sie bei Bedarf das Ganze mit einer Klebefolie. Jetzt kann Ihr Kind – unter Aufsicht – hinaufkrabbeln und einen Blick in die »Tiefe« wagen. Später, wenn es läuft, kann es auf diesen Stufen auch das Treppensteigen üben. Das ist gut für das Gleichgewicht!

Kletterpartie

Ein alter Laufstall oder ein ausrangiertes Gitterbettchen wird auf dem Rasen im Garten so in die Erde eingebracht, dass die Stäbe senkrecht stehen. An diesem »Geländer« kann Ihr Kleines auch auf der Wiese das Aufstehen und einige Wochen später das seitliche Gehen praktizieren. Entfernen Sie zwei Stäbe, so kann Ihr Baby von einer auf die andere Seite krabbeln. Größere Kinder können auch über das Geländer klettern.

Die Schlechtwettervariante ist der Laufstall in der Wohnung. Er bietet einen geschützten und übersichtlichen Raum und ist ein ideales Spielgerät für Ihr Kind, vorausgesetzt, Sie haben ihm den Laufstall früh genug – etwa mit drei Monaten – schmackhaft gemacht. Gerade das Hochziehen in den Stand wird ihm durch die senkrechten Stäbe erleichtert. Verändern Sie gelegentlich seine Ausstattung, hängen Sie Spielzeug so hoch an die Stäbe, dass Ihr Kind sich nach oben streckt oder aufrichtet. Oder legen Sie mal viele Kissen oder Bälle hinein.

Treppenecke

In einer freien Ecke bauen Sie aus festen Matratzen oder viereckigen Polstern eine Treppe mit drei Stufen. Achten Sie darauf, dass Ihr Baby ausreichend Platz hat, um auf den »Stufen« zu krabbeln und zu stehen.

Treppenkrabbeln: Eine selbstgebaute Treppenecke ist ein sicherer Trainingsplatz. Die Treppe besteht aus verschieden großen Polstern.

 So stark: Beim Tauziehen wird der Gleichgewichtssinn geschult – und es ist besonders lustig, wenn Mama dabei umfällt.

Tauziehen

Ihr Kind sitzt auf dem Boden. Geben Sie ihm ein dickes Seil in die Hand. Nun ziehen Sie sanft am anderen Ende, bis Ihr Baby mit seinem Oberkörper etwas nach vorne kommt. Lassen Sie langsam wieder nach. Ihr Kind wird dann von selbst anfangen, an der Kordel zu ziehen. Besonders schön ist es, wenn Ihr Baby »so stark« zieht, dass Sie dabei umfallen. Ihr Kind wird aus dem Lachen gar nicht mehr herauskommen.

Rappeldose

Umkleben Sie eine leere Chips-Dose mit Glitzerpapier. An beiden Enden befestigen Sie eine 50 cm lange Kordel, die innen mit einer Perle gestoppt wird. Die Dose können Sie nun mit Steinen, Murmeln und allem, was schön scheppert, füllen. Kleben Sie den Deckel gut auf die Dose, sodass diese nicht mehr geöffnet werden kann. Jetzt kann Ihr Baby seine scheppernde Glitzerdose über den Boden ziehen.

Aufräumspiel

Geben Sie Ihrem Baby zwei Schachteln. In einer liegen Bauklötzchen, die andere ist leer. Nun legen Sie die Klötzchen aus der einen in die andere Schachtel, ein Spiel, das Ihr Kind schnell und freudig nachahmen wird. Jetzt ist der Zeitpunkt günstig, das Kind auch an das regelmäßige Aufräumen zu gewöhnen: Räumen Sie abends gemeinsam die Spielkiste ein, das hat zudem den großen Vorteil, dass die Arbeit getan ist, wenn Ihr Baby schläft!

Was ist denn das?

Umkleben Sie einen Schuhkarton mit buntem Papier. In den Deckel schneiden Sie ein Loch hinein, gerade noch so groß, dass nur ein Händchen Ihres Kindes hineinpasst. Nun legen Sie verschiedene Dinge in den Karton, die alle so groß sein sollten, dass Sie Ihr Kind problemlos herausfischen kann. Das können Schlüssel, Kastanien oder Holzbausteine sein.

Meine schöne Kette

Alles, was Sie bei Ihren Spaziergängen und Erkundungsstreifzügen mit Ihrem Kind in der freien Natur sammeln, können Sie zu Hause auf einer Kette auffädeln. Kastanien, Eicheln, Blätter, Hölzchen … Ihrer Fantasie sind keine Grenzen gesetzt. Zum Durchbohren härterer Gegenstände eignet sich ein einfacher Holzbohrer.

Hund und Katz

Gehen Sie in den Vierfüßlerstand und spielen Sie Hund und Katze mit Ihrem Baby. Dabei können Sie sich mit einem »Miau« an Ihr Kind schmiegen oder – je nachdem – es mit einem nicht zu lauten »Wau« anbellen. Ihr Baby wird das Spiel schon nach kurzer Zeit mitspielen und selbst die Tiere imitieren.

11 HOCHZIEHEN

Für kleine Tüftler

Geben Sie Ihrem Kind eine durchsichtige Plastikflasche und zeigen Sie ihm, wie es Reis oder Erbsen dort hinein füllen kann. Dazu braucht Ihr Kleines seine ganze Geschicklichkeit. Bewundern Sie seine Fortschritte und ermuntern Sie es. Für Ihr Kind ist das Greifen nach den kleinen Körnern und das Einfüllen echte Schwerstarbeit.

Auf deinem Schoß

Natürlich ist es auf Mamas Schoß am kuscheligsten. Aber wenn man Lust auf Entdeckungen hat, kann der Schoß auch eine prima Ausgangsbasis sein, um sich an etwas hochzuziehen. Setzen Sie sich dazu mit untergeschlagenen Beinen auf den Boden, stellen einen Stuhl – mit interessantem Spielzeug – vor sich und geben Ihrem Kind Halt beim Hochziehen.

Ich kann zaubern

Es macht so viel Spaß zuzusehen, wie Dinge verschwinden und anschließend wieder auftauchen. Basteln Sie Ihrem Kind dazu aus einem Karton mit Deckel eine Zauberschachtel. Schneiden Sie oben mehrere verschieden große Löcher in den Deckel. Hierin kann Ihr Baby nun nach Herzenslust Bauklötze versenken und wieder zum Vorschein bringen.

Sandkasten-Spiel

Ein Sandkasten ist für alle Kinder faszinierend und sie haben viele Jahre Freude daran, zu buddeln, zu matschen oder Kuchen für die ganze Familie zu backen. Besonders schön ist die Mischung von Sand mit Wasserspielen im Sommer. Ein Sandkasten passt auch auf den Balkon. Oder Sie zaubern mit einer Plastikplane als Unterlage und einer Babybadewanne einen Wohnungs-Sandkasten.

Sandkuchen: Mit Sand spielen, Kuchen backen, buddeln und matschen macht Babys genauso viel Spaß wie größeren Kindern.

MEILENSTEIN 12: FREIER STAND

Kurz vor dem ersten Geburtstag der meisten Babys ist es so weit: Krabbeln und Sitzen klappen wunderbar. Jetzt ziehen sie sich an allem hoch, was ihnen in den Weg kommt und irgendwie Halt geben kann. Dann hangeln sie sich von einer Hürde zur nächsten. Noch geht das nur mit Festhalten an Sofa, Tisch und Stühlen, doch eines Tages steht Ihr Kind frei im Raum. Besonders mobile Kinder machen sich jetzt selbstständig auf den Weg. Andere nehmen sich noch ein bisschen Zeit.

12 FREIER STAND

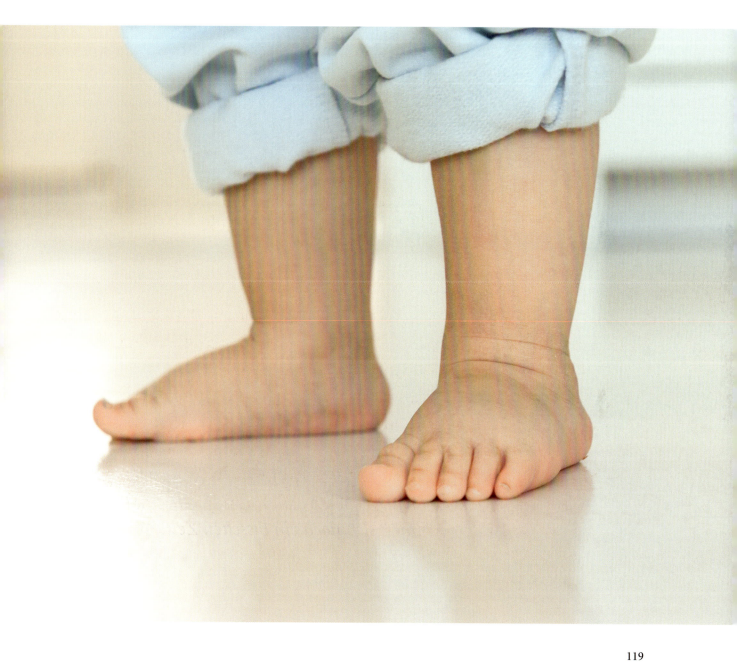

»Auf zur Küstenschifffahrt!«

Auch der Stand muss zunächst geübt und weiter gefestigt werden. Dazu wippt Ihr Kind, sobald es steht, hoch und runter und schaukelt nach rechts und links. Diese Gewichtsverlagerung von einem auf das andere Bein nennen Experten »Küstenschifffahrt«, da der Bewegungsablauf nicht von ungefähr an einen Matrosen auf Landgang erinnert.

DIE ERSTEN SCHRITTE ERFOLGEN NICHT VORWÄRTS, sondern zur Seite, während sich Ihr Kind noch gut festhält. Die Füße zeigen dabei im Idealfall nach vorne. So werden die kleinen Fußmuskeln gekräftigt und die Fußgewölbe bilden sich aus. Möbel geben jetzt die notwendige Stütze. Vorwärts geht es nur über den sogenannten Bärengang: Hierbei streckt das Kind aus dem Vierfüßler heraus seine Beinchen, steht im Bärenstand und tapst auf allen Vieren los. Wie alle Meilensteine, so erreicht Ihr Baby auch den freien Stand per Zufall. Auf einmal – vielleicht ist es abgelenkt – lässt Ihr Baby seine Stütze los und steht frei. Lassen Sie Ihr Kind ruhig barfuß spielen und herumlaufen. So spürt es den Boden intensiver.

Leinen los!

Sobald Ihr Baby frei stehen kann, hat es meist auch gelernt, die ersten Worte sinnvoll zu gebrauchen. Es ist jetzt in der Lage »Mama« und »Papa« richtig zuzuordnen und erkennt Gegenstände. Wenn Sie es um ein bestimmtes Spielzeug bitten, wird es danach greifen. Jetzt hat Ihr Baby auch gelernt, sich bei der »Küstenschifffahrt« umzudrehen. Das können Sie folgendermaßen ausprobieren: Reichen Sie ihm von hinten ein Spielzeug, so hält es sich noch mit einer Hand fest, dreht sich aber ganz selbstverständlich zu Ihnen um.

> **Wichtig** *Auch wenn Ihr Baby schon frei stehen kann: Verzichten Sie darauf, es an seinen Unterarmen hochzuziehen,* **das tut den Gelenken nicht gut.** *Auch zu frühes Gehen an der Hand ist ungünstig. Dabei bilden sich oft* **Fußfehlstellungen** *aus, da die Kinder auf Zehenspitzen gehen.*

12 FREIER STAND

Schau', was ich schon kann

- › Ihr Kind geht seitlich an Möbeln entlang.
- › Wenn Sie es im Stand festhalten, macht es Schaukelbewegungen zur Seite und wippt hoch und runter.
- › Ihr Kind steht mindestens zwei Sekunden lang frei.
- › Viele Kinder zeigen jetzt den Bärenstand und -gang.
- › Wenn Sie Ihr Kind an beiden Händen halten, geht es vorwärts. Achten Sie darauf, dass Ihr Kind dabei nicht die Arme hochhalten muss und dass es nicht auf Zehenspitzen läuft.
- › Ihr Baby klopft zwei Würfel aneinander, und das mehrmals hintereinander.
- › Wenn Sie es nach einem Spielzeug fragen, mit dem es gerade gespielt hat, sucht es danach.
- › Es reagiert auf ein »Nein« indem es das, was gerade tut, unterbricht.
- › Wenn Sie Ihr Kind nach einem Spielzeug fragen und darauf deuten, gibt es Ihnen den fraglichen Gegenstand.
- › Ihr Baby kann jetzt sinnvolle Silben sprechen. Die Worte »Mama« und »Papa« werden richtig benutzt.
- › Ihr Kind kann Ihnen einen Ball zurollen.

Die ersten Zähne

Manche Kinder bekommen schon bis zum dritten Monat ihren ersten Zahn, bei anderen ist es erst nach dem 13. Monat so weit. Die meisten Kinder allerdings beginnen um den achten Monat zu zahnen, also dann, wenn die Nahrung allmählich fester wird. Dabei zeigen sich zuerst immer die beiden unteren vorderen Schneidezähne. Etwa vier Wochen später folgen die oberen zwei. Doch auch hier gibt es Ausnahmen von der Regel. Während manchen Kindern das Zahnen nichts ausmacht, können andere bei jedem Zahn tagelang Beschwerden haben. Bevor der Zahn sichtbar ist, kündigt er sich durch Weinen, manchmal Fieber oder auch Durchfall an. Der Speichel fließt und durchnässt im Nu die Kleidung im Hals- und Brustbereich. Für die Eltern bedeutet das Zahnen ihrer Kinder meist durchwachte Nächte am Babybett.

So tut Zahnen nicht so weh

Helfen können Sie Ihrem Baby durch diese Zeit, indem Sie ihm etwas Hartes zu beißen anbieten, zum Beispiel einen Beißring oder eine Brotkruste. Manche Kinder reagieren gut auf homöopathische Mittel. Sie können Ihrem Kind auch die Zahnleiste mit Zahnsalbe massieren. Manche Eltern schwören auf Veilchenwurzel aus der Apotheke, andere auf Bernsteinkettchen. Halstücher helfen dabei, die Haut trocken zu halten. Tagsüber helfen Ablenkung und das ein oder andere Spiel, um das Zahnen zu vergessen.

Die ersten »Schuhe«

Widerstehen Sie der Versuchung, Ihrem Kind jetzt schon die ersten Schuhe zu kaufen. Die braucht es erst in einigen Wochen, wenn es frei läuft und seine Füße draußen vor Nässe und Kälte geschützt werden müssen (siehe Seite 131).
Für diese Phase sind Lederpuschen besonders gut geeignet, da sie flexibel sind und den Fuß nicht beengen. Sie machen alle Bewegungen mit und die Übergänge vom Sitzen über das Krabbeln zum Hochziehen, vom seitlichen Gehen bis zum freien Stand können fließend ablaufen. Zudem gibt die raue Oberfläche der Sohle ausreichend Halt im Stand. Puschen gibt es in verschiedenen Farben und Ausführungen. Wenn Sie im Nähen etwas geübter sind, können Sie auch selbst ein schönes Paar Lederpuschen für Ihr Kind anfertigen. Dazu nehmen Sie ein bereits getragenes Puschenpaar, durchtrennen den Gummi und machen sich Schablonen von den einzelnen Teilen. Passen Sie die Größe an den Fuß Ihres Kindes an. Auch Puschen müssen immer groß genug sein, damit Ihr Kind beim Stehen seine Zehen nicht einkrallt. Nur wenn die Größe stimmt, kann sich der Fuß gesund entwickeln.

So unterstützen Sie Ihr Baby am besten

Ihr Baby kennt jetzt seinen Namen und wird auch spontan darauf reagieren, wenn Sie es mit ihm rufen. Selbst beherrscht es noch nicht allzu viele Worte. Dafür kennt es schon jede Menge Gegenstände aus seiner Spielkiste, der Küche oder dem Wohnzimmer. Jetzt hat Ihr Kind seine Welt schon gut im Griff. Auf Anfrage bringt es begeistert seine Schätze.

Luftballons belauschen

Füllen Sie mehrere Luftballons mit verschiedenen Materialien, beispielsweise Reis, Kaffeebohnen, Sand oder kleinen Steinchen. Jeder Ballon fühlt sich anders an und klingt anders, wenn das Kind ihn mit beiden Händen ergreift, kräftig schüttelt und ans Ohr hält. Oder ihn über den Tisch rollt. Oder ihn auf dem Boden aufspringen lässt und mit dem Fuß dagegen kickt. Jeder Ballon macht seine eigenen unterschiedlichen Hüpfer und Töne. Was von außen gleich aussieht, muss sich nicht gleich anfühlen, gleich klingen oder gleich reagieren, da gibt es so manche Überraschung. Werden Sie mit Ihrem Kind zusammen zum Forscher und Entdecker!

Bäckermeister

Das Spielen im Sandkasten macht in jedem Alter Spaß. Jetzt kann Ihr Kind stehen und – zur Kräftigung seiner Beinchen – auch im Stand seinen Sandkuchen backen. Dazu eignet sich ein alter Stuhl oder eine Kiste, die Sie in den Sandkasten stellen. In der Hocke wird der Sand geholt und im Stand wird er zu leckerem Kuchen verarbeitet. Jetzt kann er gekostet werden oder mit Schwung wieder im Sandkasten landen.

Autorennen

Ein langes Brett, das Sie mit seinem einen Ende auf das Sofa oder einen Sessel legen, wird zur Rennstrecke. Nun können Sie mit Ihrem Kind Autos hinunterfahren oder auch Bälle hinunterrollen lassen. Unten ein Kissen als Bremse hinlegen!

Händeturm

Dieses unterhaltsame Spielchen, bei dem die ganze Familie mitmachen kann, kennt jeder: Reihum werden alle Hände aufeinandergelegt, immer abwechselnd, solange, bis keine Hand

12 FREIER STAND

mehr frei ist. Nun wird immer die untere Hand weggezogen und wieder oben aufgelegt. Wenn Ihr Kind den Dreh heraushat, können Sie die Hände immer schneller und schneller unter dem Turm hervorziehen und oben auflegen.

Butter stampfen

Auch dieses Spiel aus Großmutters Zeiten hat sich bei den Kleinen bewährt: Reihum wird die Hand als Faust aufgestellt, dabei den Daumen nach oben abspreizen. Der Nächste umfasst den Daumen, und so geht es weiter, bis der Händestößel fertig ist. Nun wird gemeinsam auf den Tisch gehauen: »Butter stampfen, Butter stampfen, wer macht mit?« Alle, die mitmachen, werden mit Namen genannt. Nach einer Runde Stampfen wandert die jeweils unterste Hand nach oben.

Alles was Räder hat …

Jetzt ist ein stabiler Wagen toll, den Ihr Baby – gelegentlich immer noch auf den Knien – vor sich herschieben kann. Draußen wird es versuchen, seinen Buggy oder Kinderwagen zu schieben. Basteln Sie ihm mal ein Wägelchen zum Schieben oder später auch zum Nachziehen: Schrauben Sie eine große Holzkiste auf ein Rollbrett (für den Blumentransport), Kiste und Rollbrett müssen größenmäßig gut zusammenpassen. Ein Kissen kommt hinein, darauf der Teddy, und schon kann das Kind Wagen und Teddy durch die Wohnung schieben. Ist es müde, setzt es sich zum Teddy dazu, und Sie sind mit dem Schieben dran.
Variante: Schrauben Sie Räder unter eine stabile Holzkiste, sodass sie kippsicher ist. Nun braucht die Kiste an einer kurzen Seite noch drei bis vier Sprossen. Dafür nageln Sie zwei Holzleisten rechts und links an eine kurze Seite, zwischen denen Sie die Sprossen (beispielsweise Teile eines Besenstiels) befestigen. Das sieht dann aus wie eine kleine Leiter, an der sich Ihr Kind leichter in den Stand ziehen kann.

Nicht kentern!

Nehmen Sie eine Eierschachtel und entfernen Sie den Deckel. Nun kleben Sie in der Mitte einen Schornstein aus einer WC-Rolle an. Den Rauch bildet später der Badeschaum. Fertig ist ein Boot. Nun kann es durch das Wasser gleiten. Wenn Sie es außen mit Folie bekleben, bleibt es länger seetüchtig.

Seifenblasen

Faszinierend sind schillernde Seifenblasen, die langsam durch die Luft gleiten und mit kaum hörbarem Geräusch zerplatzen. Vielleicht mag Ihr Kind sie fangen?

 Los geht's: An dem wunderbaren Aufbewahrungs- und Puppenwagen kann man sich gut festhalten und ihn durch die ganze Wohnung schieben.

Gemeinsam auf Küstenschifffahrt

Dabei muss sich Ihr Kind im Stand gut festhalten: Umfassen Sie sein Becken und schaukeln Sie es von links nach rechts, sodass es ständig sein Gewicht verlagert und im Wechsel seine Beinchen abheben kann. Wenn Ihnen noch ein lustiges Seemannslied dazu einfällt, umso besser.

Landgang: Seitlich, im Gang eines kleinen »Küstenschiffers«, hangelt sich Ihr Baby jetzt an Stühlen oder niedrigen Regalen entlang.

Welches Tier?

Ihr Kind liegt auf der Decke oder auch in Ihrem Arm. Dann berühren Sie es auf unterschiedliche Weise und verraten ihm, welches Tier das ist. Drücken Sie Ihr Kind beispielsweise ganz sanft (»Das ist die Maus.«), tapsen Sie über seinen Bauch (»Das ist die Katze.«), drücken Sie es etwas fester (»Das ist der Elefant.«) oder kitzeln Sie es (»Das ist das Äffchen.«). Machen Sie auch die Tiergeräusche dazu und lassen Sie Ihrer Spielfreude und der Ihres Kindes freien Lauf.

Schnupperstunde

Viele Gerüche sind neu und interessant für Ihr Kind. Machen Sie mit ihm eine Wanderung durch die Wohnung und lassen Sie es an unterschiedlichen Dingen schnuppern, beispielsweise an einem Parfüm oder ätherischen Öl, an einem Stück Seife, Brot oder Käse, an Kaffee, getrockneten Kräutern und dergleichen. Auch draußen gibt es je nach Jahreszeit einiges zu riechen. Begeben Sie sich doch einmal gemeinsam auf Entdeckungsreise!

Bad in der Natur

Im Wald lassen sich vor allem im Herbst verschiedene Naturmaterialien finden, beispielsweise Eicheln, Tannenzapfen, Kastanien, Bucheckern oder wunderschöne Blätter. Je nachdem wie viel Sie gesammelt haben, kann Ihr Kind zu Hause darin »baden« entweder in einer kleineren Plastikschüssel ein »Fußbad« nehmen oder auch ein »Vollbad« in einer Kinderbadewanne. Achten Sie darauf, dass es bei diesem Spiel bekleidet ist, um sich nicht an härteren oder spröderen Naturmaterialien zu kratzen. Bleiben Sie zur Sicherheit auch dabei. Geeignet ist das Spiel vor allem dann, wenn Ihr Baby nicht mehr alles in den Mund steckt. Nach dem Bad in der Natur können Sie aus den gesammelten Materialien eine Kette basteln. Für härtere Gegenstände eignet sich ein Holzbohrer.

Luftballon fangen

Hängen Sie einen Luftballon an den Griff einer geschlossenen (!) Tür. Sicherlich wird Ihr neugieriges Kind versuchen, sich an der glatten Fläche der Tür hochzuziehen, um den Ballon anzuschubsen. Das ist noch ganz schön schwierig!

Kuschelkarton

Ein großer offener Karton kann zum ganz privaten »Rückziehplatz« Ihres Kindes werden. Legen Sie ein Kissen oder ein Fell hinein und stellen Sie ihn an eine ruhige Stelle in der Wohnung. Zum besseren Hinein- und wieder Hinauskommen können Sie mit einem Tapetenmesser einfach an einer Seite ein Stück Pappe wegschneiden.

Rollbrett

Ein Rollbrett können Sie auch selbst herstellen, indem Sie unter einem Brett Rollen befestigen. Beides bekommen Sie im Baumarkt. Viele Kinder sind zu Beginn sehr vorsichtig beim Ausprobieren des Rollbretts. Zuerst schieben sie es mit den Händen vor und zurück, dann setzten sie sich erst einmal darauf, später geht es dann auch schon bäuchlings durch die Wohnung. Es gibt aber auch Kinder, die sich bereits anfangs sich mutig auf das »Skateboard« stellen. Bitte lassen Sie Ihr Kind nur unter Aufsicht mit dem Rollbrett spielen!

Pezziball rollen

Reichen Sie Ihrem Kind die Hand und rollen oder kicken Sie gemeinsam einen großen Ball durch die Wohnung. Sie können ihn auch zwischen sich beiden hin- und herrollen lassen. Das klappt aber nur dann, wenn Mama oder Papa das Kind von hinten am Becken festhalten und ihm so etwas mehr Standfestigkeit verleihen.

Kullerrohr

Mit einer großen Papprolle und ein paar passenden Bällen hat Ihr Kind bestimmt viel Spaß. Halten Sie das Rohr fest, dann kann Ihr Kind im Stand nach und nach die Bälle hindurchkullern lassen.

Und Tschüss: Mit dem Kullerrohr lernt Ihr Kind zu »zaubern«. Zuerst sind die Kugeln weg, um dann auf magische Weise wieder aufzutauchen.

Spürbar: Eine schöne Erfahrung für den Tastsinn ist das Spüren verschiedener kleinteiliger Materialien, wie Reis oder Sand.

Schüttspiele

Für Schüttspiele eignen sich klare Plastikflaschen mit großer Öffnung (mit oder ohne Trichter), aber auch andere Plastikgefäße wie Becher. Jetzt kann Ihr Kind mit verschiedenen Materialien experimentieren, draußen mit Sand, Steinchen und Wasser, drinnen dürfen es auch mal Reis oder Nudeln sein. Schön ist, wenn Sie mitmachen, dann kann Ihr Kind spüren, wie unterschiedlich die Dinge über die Hände rieseln.

Haushaltsleiter

Treppensteigen will gelernt sein. Lassen Sie Ihr Kind mal auf einer dreistufigen Haushaltsleiter hoch- und runterklettern. Sobald es diese Kunst beherrscht, können Sie sich das Hochnehmen in den Hochstuhl sparen. Über die Trittleiter klettert Ihr Kind – natürlich mit Mamas oder Papas Hilfestellung – selbst hinein und hinaus.

Turmbau zu Babel

Begeben Sie sich mit Ihrem Kind an das Bauwerk aus mehreren Schuhkartons. Stapeln Sie sie aufeinander, fordern Sie Ihr Kleines ruhig auf, Ihnen dabei mitzuhelfen. Vielleicht versucht es jetzt auch schon, mit beiden Händen einen Karton auf den anderen zu setzen. Am Schluss darf der Turm natürlich wieder umgeworfen werden.

Ein selbstgebasteltes Bilderbuch

Fotografieren Sie das Lieblingsspielzeug Ihres Kindes, seinen Teller, sein Bettchen, den Garten, Mama, Papa, die Geschwister, das Haustier und vieles mehr, das es gut kennt. Wenn Sie möchten, können Sie die Bilder zu Themenfeldern zusammenfügen, wie »Meine Kleider«, »Mein Spielzeug«, »Unser Haus und unser Garten«, »Tiere auf dem Bauernhof« und vieles mehr. Kleben Sie die Bilder auf farbiges Tonpapier, lochen Sie die Seiten und binden Sie sie mit einer Kordel zusammen. Sie können die Bilder auch laminieren und in einem Kästchen oder einen hübschen Schachtel sammeln. Fertig ist ein ganz persönliches Bilderbuch oder die Bilder-Schatzkiste zum gemeinsamen Anschauen und Benennen.

Schaumgestalten

Sie sitzen gemeinsam mit Ihrem Baby in der gut gefüllten Badewanne. Setzen Sie sich Ihr Kind gegenüber. Pusten Sie nun über das Wasser, bis es blubbert. Oder blasen Sie Badeschaum zu Ihrem Kind. Ein tolles, aufregendes Erlebnis! Sie können Ihrem Kind auch etwas Badeschaum auf die Händchen geben oder, wenn es das mag, auch auf das Köpfchen. Bei Mama mit Schaum einen Bart anzubringen macht auch einen Heidenspaß. Und wo sind denn die kleinen Füße unter dem Schaum? Ihr Kind wird es auch lieben, Wasser aus dem einen Plastikbecher in einen anderen zu gießen.

12 FREIER STAND

Kuller-Spaß: Gut für die Koordination, das Gleichgewicht und geschickte Fingerchen. Eine Kugelbahn macht Ihrem Kind viele Jahre lang Spaß.

Kugelbahn-Spiel

Stehen und spielen, das geht gut mit einer stabilen Holzkugelbahn. Das Kind kann sich daran festhalten und selbstständig spielen. Oben schiebt es die Kugel in die Öffnung, dann verfolgt es sie beim Hinunterkullern, wobei es oft mit in die Hocke geht. Unten ergreift es die Kugel wieder, richtet sich auf, und das Spiel beginnt von vorn.

Hörst du den Wind?

Gehen Sie mit Ihrem Kind regelmäßig hinaus in die Natur. Ein Waldspaziergang bietet jedes Mal neue Erlebnisse. Machen Sie Ihr Baby auf das Zwitschern der Vögel aufmerksam, das Rauschen der Bäume durch den Wind, das Zirpen der Grillen oder das Summen der Bienen. Immer wenn Sie etwas hören, zeigen Sie mit dem Finger in die Richtung, aus der das Geräusch kommt. Zu Beginn Ihres Spiels legen Sie den Zeigefinger an Ihre Lippen als Zeichen, dass Sie jetzt genau zuhören. Ihr Kind wird interessiert lauschen und sich auf die verschiedenen Laute konzentrieren.

Schneeballschlacht, auch im Sommer!

Seidenpapier, Schreibpapier, Haushaltspapier, Knisterpapier, Toilettenpapier, jedes Papier ist anders, wenn man es faltet, zerknüllt, zerreißt oder anbläst. Finden Sie gemeinsam heraus, wie es sich anfühlt und was es für Geräusche machen kann. Danach können Sie »Schneebälle« aus dem Papier formen und sich gegenseitig »bewerfen«.

Gar nicht kalt: Das geht auch ohne Handschuhe und kalte Hände: Schneeballschlacht mit raschelnden Papierbällen.

MEILENSTEIN 13: ERSTER SCHRITT

Nicht nur Klettern und Hochziehen machen Ihrem Kind jetzt Freude und lassen es mehr Raum erleben. Wunderbar fühlt es sich an, endlich richtig gehen und überall hinlaufen zu können. So erweitert sich nicht nur die Perspektive, sondern auch die Möglichkeiten, das Umfeld aktiv zu erkunden. Jetzt kommen Ihr Kind – und auch Sie! – richtig auf Trab.

13 *ERSTER SCHRITT*

Gut zu Fuß

Der erste freie Schritt Ihres Kindes ist ein besonderes Ereignis. Die letzten Meilensteine steuerten alle auf diesen Moment zu. Jetzt kommt Ihnen Ihr gar nicht mehr so kleines Baby plötzlich frei und mit staunendem Gesichtsausdruck entgegen. Auch für Ihr Kind selbst ist diese plötzlich entdeckte Fortbewegungsweise eine großartige Errungenschaft. Kann es erst einmal laufen, so ist es nicht mehr zu stoppen und nutzt jede Gelegenheit, um die neue Fähigkeit zu erproben.

DIE MEISTEN KINDER MACHEN IHREN ERSTEN Schritt zwischen ihrem 13. und 14. Lebensmonat. Manche laufen sogar schon wesentlich eher, andere erst mit 18 oder 20 Monaten. Hat es Meilenstein für Meilenstein im zurückliegenden Jahr selbstständig gemeistert und seinen Körper beim Stützen, Drehen, Krabbeln und Hochziehen gut kennen gelernt, so wird es nur wenig Mühe bei der Aufrichtung haben und sich gut bewegen. Je mutiger Ihr kleiner Entdecker ist und je mehr Spannkraft seine Muskeln haben, desto früher wird er laufen. Letztlich ist es aber nicht entscheidend, wann Ihr Kind läuft. Wichtiger ist, dass es die vorangegangenen Meilensteine gut beherrscht, in denen Muskeln und Gelenke für die Aufrichtung vorbereitet wurden.

Alles hat seine Zeit

Häufig »üben« Eltern schon vorher mit ihrem Kind das Gehen, indem sie es an beiden hochgezogenen Händen oder unter den Achseln führen. Warten Sie lieber ab, bis sein Gleichgewichtsgefühl so gut ist, dass es die ersten Schritte alleine schafft. Wird das Laufen zu früh eingeübt, so lernt Ihr Kind nur, auf den Zehenspitzen zu trippeln (siehe auch Seite 120). Dadurch kann sich die Ferse nicht richtig ausbilden. Insofern ist das seitliche Gehen von Bedeutung: Nur so wird die Ausformung der Fußgewölbe gut angebahnt, und Ihr Kind gewinnt Gefühl für sein Gleichgewicht, das es für den ersten Schritt braucht.

> **Wichtig** *Verzichten Sie auf die Anschaffung eines »Gehfrei«. Die Praxis zeigt, dass so weder die Entwicklung eines guten Gleichgewichtssinns noch das freie Gehen gefördert werden.*

13 ERSTER SCHRITT

Schau', was ich schon kann

- › Ihr Kind geht jetzt drei Schritte frei.
- › Es kommt mit den Füßen zuerst vom Sofa herunter.
- › Ihr Kind beherrscht sicher den Zangengriff: Dabei ergreift es einen kleinen Gegenstand mit gebeugtem Zeigefinger und abgespreiztem Daumen. Seine Finger bilden so die Form einer Zange.
- › Ihr Kind ertastet nur noch solche Dinge mit dem Mund, die es noch nicht kennt.
- › Es schiebt ein Spielzeugauto auf den Rädern hin und her, blättert selbständig in einem Bilderbuch und versucht, mit einem Stift zu malen.
- › Ihr Kind kann den Schraubverschluss einer Flasche hin- und herdrehen und einen Holzring auf eine Steckpyramide legen.
- › Es ist in der Lage, drei sinnvolle Wörter wie »Papa«, »Mama« oder »Ball« auszusprechen.
- › Es zeigt oder blickt richtig auf einen Körperteil, den Sie benennen.
- › Es ahmt häusliche Tätigkeiten nach, zum Beispiel Wischen oder Kehren.
- › Es hält den Trinkbecher selbst beim Trinken.
- › Ihr Kind führt einen gefüllten Löffel zum Mund.

Zeig' her deine Füßchen

Den ersten freien Schritt wird Ihr Kind unternehmen, wenn es seitlich beispielsweise an einer Wand entlang läuft und sich nur noch leicht mit einer Hand Halt gibt. Plötzlich steht es frei im Raum, weil es etwas Interessantes erspäht hat, und tapst einfach los, noch etwas tollpatschig und unsicher mit stark nach außen zeigenden Füßen. Oft fällt es dabei hin und erschrickt sich. Je länger es läuft, desto harmonischer wird sein Gang. Jetzt läuft Ihr Kind allein deshalb, weil das Laufen so wunderbar ist und sich so gut anfühlt.

Schritt für Schritt

Manche Eltern machen sich Sorgen um die O-Beine, die ihr Kind beim Laufenlernen zeigt. Aber seien Sie beruhigt: Das ist ganz normal, die Beinachse muss sich ja erst noch ausrichten. Später, mit zwei Jahren, folgt häufig sogar eine X-Bein-Phase, bis die Beine dann mit spätestens drei Jahren gerade stehen. Zu dem Zeitpunkt sind dann auch die Füße so weit. Aus dem Knick-Senkfuß des Babys hat sich der Kinderfuß mit Längs- und Quergewölbe entwickelt.

Häufig zeigt das Kind bei seinen ersten Schritten ein »Hohlkreuz«, auch das ist normal. Erst mit sechs Jahren hat sich die Wirbelsäule vollständig in der Aufrechten gestreckt. Sollten Sie das Gefühl haben, etwas stimmt mit der Fuß- oder Beinstellung Ihres Kindes nicht, lassen Sie es von Ihrem Kinderarzt anschauen. Grundsätzlich ist das Barfußlaufen die beste Art und Weise, gut das Laufen zu erlernen, denn es fördert die Tiefensensibilität des Fußes und kräftigt die Muskulatur.

Endlich »richtige« Schuhe!

Bei kühler Witterung braucht Ihr Kind nun tatsächlich richtige Schuhe. Die Schuhe sollten in alle Richtungen biegbar sein und gut passen. Zu kleine oder enge Schuhe zwängen den Fuß ein, zu große Schuhe behindern das Kind beim Laufen. In den ersten Lebensjahren wächst der Fuß recht rasch. Eltern müssen daher in dieser Zeit besonders darauf achten, dass ihr Kind keine zu kleinen Schuhe trägt. Bei der Anprobe krallen die Kinder oft ihre Zehen ein, sodass man sich allzu leicht in der Größe des Schuhs täuscht. Eine gute Hilfe ist eine Schablone vom Fuß Ihres Kindes. Dazu stellen Sie Ihr Kind auf ein Stück Pappe, umfahren seinen Fuß – die Zehen sollten daher nicht eingekrallt sein – mit einem Stift, geben vorne einen Zentimeter dazu und schneiden die Schablone aus. Im Schuhgeschäft lassen Sie zusätzlich die Füße Ihres Kindes ausmessen. Nach der Anprobe können Sie die Schablone in den Schuh legen: Passt sie gut hinein, auch ohne zu rutschen, dann passt auch der Schuh.

So unterstützen Sie Ihr Baby am besten

Laufen können wie Mama und Papa und vielleicht auch wie die größeren Geschwister, das ist für Ihr Kind ein großartiges Erlebnis, für das es eigentlich keinen Anreiz und keine weiteren Übungen mehr braucht. Es läuft, um zu laufen, und das mit großer Begeisterung! Mit der neuen Mobilität und Reife erschließen sich Ihrem Kind nun viele neue Spielmöglichkeiten, die auch der ganzen Familie viel Spaß machen.

Tastbox

Schneiden Sie in eine leere und gesäuberte Waschmitteltrommel zwei Löcher, sodass Ihr Kind mit seinen Händen hindurchgreifen kann. Nun kann es verschiedene Dinge ertasten und aus der Box hervorholen. Diese ist auch ein Spaß für ältere Kinder, wenn sie interessante – oder auch einmal wohlschmeckende – Dinge »blind« erraten dürfen.

Anziehen, Ausziehen und Verkleiden

Sammeln Sie alte Hüte, Schals, Tücher, Ketten aus Naturmaterialien oder Holzperlen, Armreifen, Socken, eine alte Brille, usw. All diese Dinge eignen sich hervorragend, um damit Verkleiden zu spielen. Beziehen Sie Ihr Kind allmählich auch beim täglichen An- und Ausziehen mit ein.

Hut ab: Wie steht mir Mamas Sommerhut? Kleine Entdecker können gar nicht früh genug mit dem Verkleiden anfangen.

Geräusche erkennen

Nehmen Sie mit einem Aufnahmegerät verschiedene Geräusche auf, beispielsweise Vogelgezwitscher, einen bellenden Hund, ein Auto, einen tropfenden Wasserhahn, den Klang einer Gitarre, die Stimme der Oma, das Lachen des Kindes. Nun lauschen Sie gemeinsam, benennen die Tonfolgen oder zeigen Ihrem Kind auch mal entsprechende Bilder und Fotos. Schon bald wird es bei jedem Geräusch, das es hört, auf das richtige Bild zeigen.

Körperinstrumente

Gemeinsames Singen, Tanzen und Musizieren macht Spaß. Und die Instrumente? Die haben Sie selbst dabei: stampfende Füße, eine schnalzende Zunge und Hände, die klatschen und auf den Bauch trommeln.

Schleichen wie die Mäuschen

Ganz leise und Hand in Hand: So können Sie zusammen mit Ihrem Kind einen (eingeweihten!) Erwachsenen oder ein größeres Geschwisterkind anschleichen und »erschrecken«. Wenn Sie hinter Ihrem »Opfer« stehen, rufen Sie laut »buhuhu!«. Alle schreien auf und lachen. Das macht einen Riesenspaß.

Gleich und Gleich

Für dieses Spiel schneiden Sie aus Pappe ungefähr 6 bis 10 kleine Quadrate aus (ca. fünf Zentimeter), je nachdem wie umfangreich das Memory werden soll. Sie können auch Bierdeckel nehmen, die Sie – immer paarweise – mit unterschiedlichen Materialien bekleben, beispielsweise Federn, Papierschnipsel, Naturmaterialien, Sandpapier oder auch Samt. Oder Sie basteln aus Filz oder Moosgummi lustige Tierfiguren und kleben sie auf die Papp-Quadrate. Jetzt kann Ihr Kind die Karten ausgiebig mit seinen Händen oder auch noch mit seinem Mund ertasten. Suchen Sie zunächst gemeinsam die zueinander passenden Karten. Es geht darum, immer zwei gleiche Dinge zu erkennen. Das Spiel ist übrigens auch sehr schön mit jeweils zwei gleichen laminierten Fotos von Mama, Papa, Geschwistern, Oma und Opa.

Tastsinn: Spielst du mit mir mein Memory? Doch auch allein kann sich Ihr Baby wunderbar mit den liebevoll gestalteten Karten beschäftigen.

Komm' her: Mit jedem Schritt, den es freihändig gehen kann, wachsen das Selbstbewusstsein und der Entfaltungsspielraum Ihres Kindes.

Hin und Her

Stellen Sie zwei Stühle so weit auseinander, dass Ihr Kind es schafft, zwischen den Stühlen hin und her zu laufen, Sie können es jeweils mit seinem Lieblingskuscheltier locken. Noch schöner ist das Hin- und Herlaufen zwischen Mama und Papa. Setzten Sie sich – mit zunehmend größerem Abstand – gegenüber, rufen Sie Ihr Kind und fangen Sie es auf. Es ist so vergnügt, dass es gar nicht merkt, wie weit es schon laufen kann.

Mein Zauberteppich

Legen Sie mehrere unterschiedliche Teppichfliesen aneinander. Musterfliesen bekommen Sie im Teppichgeschäft und in vielen Baumärkten. Geeignet sind alle interessanten Bodenbeläge, auch Felle oder Fußabstreifer. Mit nackten Füßen und an Mamas Hand diesen wunderbar aufregenden Zauberteppich zu erkunden, das ist ein tolles Erlebnis.

Barfußweg

Nackte Füße im Sommer sind etwas Schönes. Frisches Gras, feuchtes Moos, spitze Steine, Sand, eine Wasserpfütze, alles fühlt sich anders an. Genießen Sie mit Ihrem Kind diese Erlebnisse. Wenn Sie einen Garten haben und ausreichend Platz, können Sie für die ganze Familie auch einen Barfußweg kreieren. Heben Sie viereckige Quadrate aus dem Erdreich aus und befüllen Sie sie mit unterschiedlichen Materialien, beispielsweise Tannenzapfen, kleinen Zweigen, Sand, Kastanien, Erde, Moos, großen Steinen, kleinen Kieseln oder Rindenmulch. Eine große flache Schale mit Wasser dazwischen ist eine besondere Überraschung für die Füße!

Noch kleiner und feiner

Stoßen Sie in den Deckel einer kleinen Plastikflasche ein ganz kleines Loch, sodass ein feiner Faden hindurch passt. Diesen befestigen Sie innen mit einer Perle und schließen den Deckel wieder. Das äußere Ende wird nicht befestigt, dann kann das Kind mit seinem feinen Zangengriff den Faden aus der Flasche ziehen. Beim Zurückziehen des Fadens sollten Sie aufpassen, dass es ihn nicht ganz durchzieht!

Die ersten Backversuche

Kleinkinder schauen gerne beim Backen zu und manchmal fällt auch etwas zum Naschen ab. Jetzt können Sie einmal versuchen, ob Ihr Kind beim Ausstechen von Plätzchen schon mithilft. Das macht nicht nur in der Vorweihnachtszeit Spaß. Am besten verwenden Sie dazu einen gut gekühlten Mürbeteig und lustige Tierausstecher.

Luftballon-Orchester

Für das Luftballon-Orchester brauchen Sie eine lange Schnur, die Sie im Zimmer aufhängen. Füllen Sie einige bunte Luftballons vor dem Aufblasen mit Glöckchen, knoten Sie die Ballons zu und hängen Sie sie an die Schnur. Dann gibt es zwei Rührlöffel für Sie und Ihr Kind und das »Orchester« kann loslegen.

Spielplatz

Nun lockt der Spielplatz. Ihr Kind beginnt zu klettern und zu rutschen und erklimmt auch mal die Rutsche von unten. Der Sandkasten ist gut für die sozialen Kontakte, hier wird Ihr Kind auch mal versuchen, ein Schäufelchen von einem anderen zu entwenden. Kleine Streitigkeiten sollten die Kinder auch ohne die Unterstützung der Mütter überwinden. Kinder spielen in diesem Alter noch nicht miteinander, aber sie beobachten sich gegenseitig ganz genau.

Mit offenen Augen die Welt entdecken

Wenn Sie im Wald unterwegs sind, sammeln Sie gemeinsam kleine Schätze, Tannenzapfen, Eicheln, leere Schneckenhäuser, Blätter, bunte schöne Steine oder duftende Blumen. Beobachten Sie kleine Tiere am Wegesrand oder im Gebüsch, blasen Sie sanft ein Spinnennetz an, befühlen Sie einen Baum mit seiner Rinde: Für Ihr Kind ist alles neu! Zu Hause bekommen die gesammelten Schätze einen schönen Platz.

Kuckuck

Im Wald können Sie auch schon Verstecken spielen. Dazu verschwinden Sie ganz kurz hinter einem Baum und tauchen sogleich wieder mit einem »Kuckuck!« auf. Das ist richtig aufregend für Ihr Kind. Vielleicht beginnt es dann auch, sich selbst zu verstecken und mit Vergnügen finden zu lassen.

Balanceakt auf der Gartenmauer

Noch an einer Hand geführt, so lieben es alle kleinen und größeren Kinder, über Gartenmauern und Baumstämme zu balancieren. In der Wohnung kann man sich für den Balanceakt mit einem schmalen Brett behelfen.

Schritt für Schritt: Beim Balancieren muss sich Ihr Kind ganz schön konzentrieren. So wird das Gefühl für die eigene Mitte gestärkt.

Kleiner Reiter: Kinder lieben es, zu schaukeln und sind dabei unermüdlich. Noch schöner ist das Vergnügen natürlich hoch zu Ross.

Pferdchen lauf' Galopp

Das ist der Klassiker unter den Kinderspielen: das Schaukelpferd. Lassen Sie Ihr Kind das Pferd zunächst in aller Ruhe begutachten. Dann helfen Sie ihm beim Aufsteigen. Sie sollten Ihr Kind anfangs nicht unbeaufsichtigt schaukeln lassen. Aber gemeinsam mit Ihnen macht das Schaukeln sowieso viel mehr Spaß. Schließlich singen Sie immer so schöne Reiterlieder.

Laubblätterbett

Im Herbst ist ein großer Laubhaufen ein Vergnügen für Ihr Kind. Mit Wonne lässt es sich in das Blätterbett fallen und wirft die Blätter hoch zum Himmel. Auch die Eltern dürfen selbstverständlich mitspielen.

Grillplatz am Waldrand

Erste kleine Wanderungen, an deren Ende eine Mahlzeit am Feuer lockt, sind für jedes Kind ein Erlebnis. Man kann jetzt schon ein kleines Abenteuer daraus machen, zu Hause das Picknick vorbereiten, Würste und Gemüsestücke zum Grillen, Brot oder sogar Teig für Stockbrot. Welch ein Spaß und ein Erlebnis, in der Natur zu essen! Ihr Kind darf schon etwas helfen und mit Ihnen zusammen den Stock mit dem Brot oder dem Gemüse ins Feuer halten.

Ein Engel im Schnee

Die Eltern machen es vor, die Kinder machen es nach. Man legt sich mit dem Rücken in den Schnee, breitet die Arme seitlich aus und schiebt mit großzügigen Armbewegungen den Schnee nach oben und unten weg: So entstehen die Flügel des Engels. Anschließend stehen alle vorsichtig auf und bewundern die Engelfamilie!

Hausmusik

Geben Sie Ihrem Kind einen Rührlöffel in die Hand. Dann stellen Sie ihm ein kleines Schlagzeug aus Küchenutensilien hin. Es macht viel Spaß, auf einer Rührschüssel aus Plastik und verschieden großen Kochtöpfen herumzuklopfen.

Schwungtuchspiele

Ein Schwungtuch ist ein beliebtes Spielgerät für jedes Kindesalter. Noch heute wird für die Fertigung Fallschirmseide verwendet. Das Material ist relativ leicht und äußerst reißfest. In einem Schwungtuch befindet sich häufig ein Loch in der Mitte und die meisten Schwungtücher haben an den Seiten Griffschlaufen. Natürlich können Sie auch aus einem Bettlaken selbst ein Schwungtuch herstellen.

Wasserbeutel

Füllen Sie einige Gefrierbeutel oder Luftballons mit Wasser und verschließen Sie diese gut. Geben Sie sie anschließend Ihrem Kind zum Spielen. Es wird fasziniert ausprobieren, wie sich das Wasser wegdrücken und in der Form verteilen lässt. Wenn Sie möchten, können Sie das Wasser auch mit einer Badetablette (Spielzeugladen) färben.

Karneval in der Badewanne

Geben Sie eine Handvoll Papierkonfetti mit in das warme Badewasser. Ihr Kind wird versuchen, mit seinem schönsten Pinzettengriff nach den bunten Papierfitzelchen zu fischen. So macht das Baden gleich noch mehr Spaß!

Schotterwagen

Bei diesem Reimspiel sitzt Ihr Kind auf Ihren Beinen mit Blickrichtung zu Ihnen. Sie halten es um den Rumpf fest. Jetzt sagen Sie den folgenden Reim auf:
»Schotter fahren, Schotter fahren, auf dem großen Schotterwagen.« Dabei bewegen Sie Ihre Beine im Wechsel und normalen Rhythmus nach oben und wieder nach unten.
»Erst die kleinen spitzen Steine.«
Dazu führen Sie mit wechselnden Beinen schnellere kleine Bewegungen nach oben und nach unten durch.
»Dann die großen, die so stoßen.«
Jetzt werden Ihre Bewegungen immer größer.
»Rechte Kurve, linke Kurve.«
Nun beugen Sie sich zusammen nach rechts und nach links.
»Und dann ein großes Loch.«
Sie öffnen Ihre Beine und Ihr Kind »fällt« in die Öffnung – natürlich halten Sie es dabei fest.
»Zum Schluss wird abgeladen.«
Sie setzen Ihr Kind von den Beinen auf den Boden ab.

Zauberrohr

Besorgen Sie sich im Baumarkt einen ein bis zwei Meter langen, durchsichtigen Plastikschlauch und einen dazu passenden Verschluss. Füllen Sie den Schlauch zu zwei Dritteln mit Wasser und verschließen Sie das eine Ende. Geben Sie nun verschiedene Materialien wie Perlen, Konfetti oder kleine Steinchen hinein und verschließen Sie auch das andere Ende fest. Lassen Sie Ihr Kind mit der tollen Wasserröhre spielen und experimentieren.

Fingerfarben und Knetmasse

Jetzt beginnt allmählich die kreative Zeit. Kaufen Sie Ihrem Kind Fingerfarben und Knetmasse (Bastelbedarf) oder stellen Sie beides selbst her, verschiedene Rezepte finden Sie im Internet. Jetzt steht dem kleinen Künstler nichts mehr im Weg! Beim Kneten, Formen oder gar Ausstechen braucht Ihr Kind noch Ihren Beistand. Mit den Fingerfarben können Sie Ihrem Kind die Handinnenflächen bemalen, und nun kann es auf Papier, einem Spiegel oder auf sich selbst seine Abdrücke hinterlassen und bestaunen. Aber Achtung: Nichts ist vor den bunten Händchen sicher!

Rund wie die Welt

Kleine und große, weiche und feste Bälle faszinieren jedes Kind, denn jeder Ball ist anders, wenn das Kind ihn rollt, hüpfen lässt, kickt oder wirft.

Schatzsuche

Geben Sie in eine Schüssel oder ein Körbchen mehrere Kastanien oder größere Holzkugeln. Eine davon malen Sie in gelb oder goldfarben an. Verstecken Sie die goldene Kugel unter den anderen und lassen Sie Ihr Kind danach suchen.

Wie es weitergeht

Das erste Lebensjahr Ihres Kindes nehmen Eltern ganz bewusst wahr. Jeder Meilenstein ist ein Ereignis. Mit den ersten freien Schritten und dem Moment, in dem sich Ihr Kind von Ihrer Hand losmacht und läuft, verselbstständigt sich die Entwicklung. Nun sind einzelne Fortschritte nicht mehr so einfach identifizierbar, da sich auf vielen Ebenen kontinuierlich etwas tut. Die Entwicklung der Motorik, der Feinmotorik, der Sprache und des Sozialverhaltens spiegelt jetzt noch mehr als zuvor die Persönlichkeit Ihres Kindes.

NACHDEM IHR KIND ALLE MEILENSTEINE ERFOLGreich gemeistert hat, wird es sich in allen weiteren Belangen seiner Entwicklung nach dem Vorbild von Mutter, Vater und größeren Geschwistern richten. Zur Kontrolle sollten Sie Ihr Kind nun am Ende des ersten Babyjahres Ihrem Kinderarzt zur U6 vorstellen. Er wird neben den grundlegenden Untersuchungen wie der Messung von Kopfumfang, Gewicht und Körpergröße noch verschiedene andere Punkte prüfen. Dazu gehört die seelisch-geistige Reifung, die durch Fragen zum Fremdelverhalten Ihres Kindes abgeklärt wird. Er wird sich auch danach erkundigen, ob sich Ihr Kind für kurze Zeit schon alleine beschäftigen kann und damit den Loslöseprozess aus der bisher symbiotischen Eltern-Kind-Beziehung eingeleitet hat. Setzt es sich gerne in Bewegung, wenn es sich zum Beispiel ein weiter entferntes Spielzeug oder einen Gegenstand aus einem anderen Raum holen will? Wie hält es Objekte in seinen Händen? Beherrscht es den Pinzettengriff? Ist es in der Lage, Einzelheiten an einem Spielzeug zu erkennen und darauf zu deuten? Wie steht es um seinen Wortschatz? Kann es Doppelsilben artikulieren?

Grenzen setzen

Jetzt, nach einem Jahr mit Ihrem Kind haben Sie einiges an Erfahrungen gesammelt. Ihr Familienalltag hat sich neu strukturiert und Sie selbst sind jetzt als Erzieher gefragt. Wichtig für Ihr Kind, auch wenn es noch klein ist, sind klare Grenzen. Durch sie erfährt es sein Ich und fühlt sich in der Familie geborgen und gut aufgehoben. Allerdings ist erwiesen, dass sich Kleinkinder ein Verbot nur etwa zwei bis vier Minuten lang merken können. Erst wenn sie älter sind, sind sie in der Lage, den Grund hinter dem Verbot zu verstehen. Deshalb hilft nur eines: Gefahrenquellen sorgfältig ausschließen und liebevolle Konsequenz zeigen. Das ist wichtig, denn mit zunehmender Mobilität wollen kleine Kinder grundsätzlich immer mehr – auch immer mehr Gefährliches – ausprobieren.

Trotzdem sollte ein Baby seine Welt erforschen dürfen, weshalb eine spannende und auch abwechslungsreiche Umgebung wichtig ist. Bedenken Sie, dass Ihr Kind dabei nie mit Vorsatz handelt und Sie nicht absichtlich ärgern will, wenn es immer wieder von der Stereoanlage mit ihren schönen, leuchtenden Knöpfen angezogen ist. Überlegen Sie gemeinsam mit Ihrem Partner, welche Verbote wirklich Sinn machen und wo eine kleine Umräumaktion helfen kann, »spannende« Situationen zu entschärfen. Wenn möglich, können Sie Ihrem Kind auch einen Ersatz anbieten: Ein altes Transistorradio, an dem es herumdrehen kann, macht genauso viel Spaß wie Papas High-Tech-Anlage – und diese bleibt dafür heil.

Selbstständigkeit fördern

Auch wenn Grenzen auf der einen Seite wichtige Strukturgeber sind, ist ein gewisses Maß an Freiheit unabdinglich für die Entwicklung von Selbstständigkeit und daraus folgend Selbstbewusstsein. Deshalb sollten Sie Ihrem Kind auch ausreichend Entwicklungsspielraum geben. Dazu gehört nicht nur eine abwechslungsreiche und dabei kindersichere Umgebung, sondern auch eine entspannte Haltung, wenn sich Ihr Kind einmal auf seinen Erkundungszügen auf den »schmutzigen« Boden setzt oder sich weh tut. Jedes Kind lernt nur durch selbst ausprobieren. Ihm ist nicht geholfen, wenn Sie ihm aus Übervorsicht jeden Handgriff abnehmen.

Genauso wichtig wie eine entspannte Förderung Ihres Kindes ist die Gelassenheit, Ihrem Kind auch Zeit zum Trödeln und Herumträumen zu lassen. Ein gewisses Maß an Langeweile ist wichtig, um selbst kreativ zu werden! Orientieren Sie sich bei allen Spielangeboten, die Sie Ihrem Kind machen, daran, ob es dabei wirklich Spaß hat. Wirkt es ausgeglichen, ist alles in Ordnung. Und freuen Sie sich nicht nur mit ihm, wenn ihm etwas gelingt, sondern erkennen Sie auch seine Bemühungen an. So fühlt sich Ihr Kind stark und weiß, dass es etwas erreichen kann – aber eben in seinem Tempo.

Gute (Entwicklungs-)Aussichten!

Bald wird Ihr Kind weitere Meilensteine erreichen:
Zwischen dem zweiten und dritten Jahr kann es
› *kurz den Einbeinstand durchführen*
› *mit beiden Beinen von einer Treppenstufe hüpfen*
› *rennen und geschickt Hindernissen ausweichen*
› *rückwärts gehen*
› *seitlich Treppensteigen im Nachstellschritt mit Festhalten beider Hände am Geländer, dann mit Festhalten einer Hand und zuletzt ohne.*
› *Bis zum Ende seines zweiten Lebensjahres kann ein Kind bis zu fünfzig Wörter sprechen.*
› *Mit etwa drei Jahren beginnt es in der »Ich«-Form zu sprechen.*

Zwischen dem dritten und sechsten Jahr kann es
› *mit seinen Füßen abrollen (ohne O- und X-Beine)*
› *mit beiden Beinen nach vorne hüpfen*
› *im »Erwachsenenschritt« treppensteigen*
› *Purzelbäume schlagen*
› *im Seitgalopp und Hopserlauf laufen*
› *Bälle fangen, von ganz großen bis zu kleinen*
› *einen Hampelmann hopsen*
› *sich auf dem Laufrad bewegen*
› *koordiniert Dreiradfahren und dabei lenken*
› *Fahrradfahren.*
› *Es kann einen Stift korrekt halten, sofern ihm dies vorher gezeigt wurde (diese Fähigkeit stellt sich nicht von selbst ein).*

Zwischen dem vierten und sechsten Lebensjahr
› *kann es auf einem Bein vorwärts hüpfen.*
› *Es zeigt sich eine Rechts- oder Linkshändigkeit.*

Mit sechs Jahren kann es
› *Bilder-Vorlagen sauber ausmalen*
› *Schuhe mit einer Schleife binden*
› *alle Laute korrekt aussprechen*

Bücher, die weiterhelfen

Bäcker-Braun, K.: **Die 50 besten Spiele für Unter-Dreijährige.** Don-Bosco-Verlag 2009

Bäcker-Braun, K.: **Kluge Babys – Schlaue Kinder,** Don Bosco-Verlag 2009

Kienzle-Müller, B., Wilke-Kaltenbach, G.: **Babys in Bewegung.** Spielerisch bis zum ersten Schritt. Elsevier, München 2008

Largo, R.: **Babyjahre.** Piper 2007

Nacke, A.: **Ergotherapie bei Kindern mit Wahrnehmungsstörungen,** Thieme 2010

Pighin, G.: **Die besten Förderspiele von 0 bis 6 Jahren.** Urania-Verlag 2010

Pikler, E.: **Lasst mir Zeit. Die selbständige Bewegungsentwicklung des Kindes bis zum ersten Gehen.** Pflaum 2001

Vojta, V., Schweizer-Volker, E.: **Die Entdeckung der idealen Motorik. Die Entwicklung der angeborenen Bewegungsmuster im ersten Lebensjahr.** Pflaum 2009

Zukunft-Huber, B.: **Der kleine Fuß ganz groß.** Elsevier 2010

Bücher aus dem Gräfe und Unzer Verlag

Pulkkinen, A.: **Babys spielerisch fördern.**

Voormann, C., Dandekar, G.: **Babymassage.**

Bohlmann, S.: **Babyspielzeit**

Höfer, S.: **Quickfinder Babys erstes Jahr**

Gebauer-Sesterhenn, B., Praun, Dr. med. M.: **Das große GU Babybuch**

Adressen, die weiterhelfen

Praxis für Physiotherapie Birgit Kienzle-Müller
Waldstraße 2
74177 Bad Friedrichshall
Tel. 07136 - 2 36 33
Fax 07136 - 2 36 33
info@kienzle-mueller.de
www.kienzle-mueller.de

Bundesarbeitsgemeinschaft Elterninitiativen e. V.
Geschäftsstelle München
Landwehrstraße 60-62
80336 München
Tel: 089 - 96160 60 60
Fax: 089 - 96160 60 16
www.bage.de

Focus Familie GmbH
Keplerstr. 1
69120 Heidelberg
www.focus-familie.de

Geschäftsstelle der La Leche Liga Deutschland e. V.
Gesellenweg 13
32427 Minden
www.lalecheliga.de

Zentralverband der Physiotherapeuten/
Krankengymnasten (ZVK) e. V.
Deutzer Freiheit 72-74
50679 Köln
Tel.: 0221-98 102 70
Fax: 0221-98 102 725
www.zvk.org

Register

A
Abstützreaktion 78, 79, 89
Anziehen 21, 113, 132
Asymmetrie 19 f., 29

B
Bärengang 120
Baby-Blues 8
Babyglatze 19
Babymassage 13, 20, 22, 59
Babysprache 22
Bauchlage 19 f., 27, 31, 35 ff., 42 f., 45, 47, 51, 53 f., 59 f., 62 f., 65 ff., 71 f., 74 f., 78 ff., 82 ff., 88 ff., 92, 97, 104, 109
Bauer-Reflex 15, 19
Berührungssinn 16
Bewegungsentwicklung 16, 18, 21, 23, 26, 42
Blickkontakt 9, 13, 20, 23 ff., 34, 38f, 46, 53
Blinzelreflex 78 f.
Bonding 8, 10

D
Drehen 20 ff., 27, 30 f., 50 ff., 57, 62 f., 66 f., 70 f., 78, 80 ff., 88, 90, 113, 120, 130

E
Embryo 10
Engelslächeln 30, 34
Entwicklungstempo 23

F
Farben, erkennen 27
Fechterstellung 35
Fliegergriff 19
Fremdeln 89, 105, 138
Füttern 5, 19 f., 52, 79, 81, 97
Fußfehlstellungen 120
Fußgewölbe 16, 80, 120, 130

G
Geborgenheit 5, 9, 11 f., 16 ff., 38, 53
Geburt 5, 8 ff., 14, 16 ff., 26 ff., 34, 38
Gefahrenquellen 88, 138
Gehen 6, 52, 80, 104, 115, 121, 120, 128, 130, 134, 139
Gehirnentwicklung 20, 24, 44, 80
Geruchssinn 14, 17
Geschmckssinn 14, 17, 35
Gleichgewicht 13, 16, 42, 53, 56, 63, 74 f., 81, 104, 107 ff., 14 ff., 127, 130
Greifen, erstes 15, 18, 23, 35, 54, 59, 60ff.
Greifen, aus der Mitte 68 ff.,
Greifen, über die Mitte 80, 85, 97, 100, 117, 132
Greifreflex 35, 42, 53, 62, 79

H
Halbkniestand 112
Hand-Hand-Koordination 35, 50, 58, 62, 80
Hand-Auge-Mund-Koordination 50, 52
Hand-Fuß-Koordination 87
Handling 12, 19 f., 53
Handstütz 76 ff., 88 f., 96 f., 100, 104

Hebamme 5, 8 f.
Hochstuhl 79, 97, 126
Hören 14, 17, 31, 34 f., 44, 47, 57, 99
Hörsinn 17
Holokinese 18

K
Känguru-Methode 16 f.
Kauen 62, 79, 81, 106
Kiefer 14 f., 30, 52 f., 79, 106
Kleidung (bei: so ziehen sie Ihr Baby richtig an) 21 f.
Knick-Senkfuß 131
Körpergrenzen 11
Kopfkontrolle 40 ff., 51, 79
Krabbeln 15, 19, 70, 79, 84, 89 f., 93, 96, 102 ff., 115, 118, 121, 130
Küstenschifffahrt 120, 124

L
Lächeln, erstes 9, 26, 32 ff.
Langsitz 97, 104, 113
Laufen 113, 120, 128, 130 ff., 139

M
Mahlzeiten 11, 81, 136
Massenbewegung 34
Moro-Reflex 15
Motrik 15, 18, 138
Mutterinstinkt 9

N
Nestchen 11, 46, 58

O
O-Beine 131, 139

P

Pinzettengriff 97, 137, 138
Pivoting 89 f.
Plötzlicher Kindstod 12
Popo-Boden-Rutscher 96
Pucken 11 f., 22

R

Reflexe 14 f., 43, 78 f.
Reize 10, 12, 17, 20 ff., 27, 105, 107
Ringsitz 20, 97
Rituale 70
Robben 86 ff., 99, 102, 105
Rocking 89

S

Saugreflex 14, 52
Schlafen 12, 20, 22, 30, 50, 53, 81, 97
Schlafposition 20
Schlafrhythmus 10
Schluckreflex 14
Schräger Sitz 97
Schreiphase 21 f.
Schritt, erster 9, 26, 112 f., 120, 128 ff.
Schwangerschaft 5, 14, 18, 27, 30
Sehen 5, 14, 17, 20, 27 f., 30, 36 f., 44, 47, 56, 58, 83, 99 f., 112 f., 117
Selbstständigkeit 23, 26, 40, 114, 139
Sitzen 42, 79, 94 ff., 107, 110, 112, 118, 121
Split-Brain-Stadium 63, 80
Sprungbereitschaft 89
Stand, freier 112, 115, 118 ff.
Stehbereitschaft 105
Stillen 5, 9, 11, 14 ff., 20, 27, 52 f.
Streicheleinheiten 13, 31, 44, 58

Such-Reflex 15
Symmetrie 20, 29, 50, 64

T

Tagesrhythmus 97
Tastsinn 16, 73, 126
Tiefensensibilität 79, 80, 104, 113, 131
Tragen 5, 9, 11 ff., 16, 18 ff., 22, 52 f., 71, 108
Tragetuch 11, 13, 22
Trinken 14 f., 52 f., 106, 131

U

Überforderung 21
Überwärmung 12
Unterarmstütz 48 ff., 63, 65, 71, 78, 88
Urvertrauen 10

V

Veilchenwurzel 121
Vierfüßler(stand) 89, 94, 97, 99 f., 104 ff., 116, 120
Vorsorgeunterusuchungen 28, 138

W

Weinen 11, 22 f. 121
Wippe 54, 107
Wochenbett 8

X

X-Beine 139

Z

Zangengriff 131, 134
Zehenspitzengang 120 f., 130
Zwergensitz: 89, 93, 96

Die Fotografin

Petra Ender, Jahrgang 1966, ist gebürtige Hamburgerin – und seit ihrer Jugend begeisterte Fotografin. Nach dem Abitur ließ sie sich zunächst zur Dolmetscherin ausbilden und arbeitete anschließend als Produktionsassistentin für verschiedene Filmproduktionen im In- und Ausland. Ihr Herz aber hing an der Fotografie. 1996 machte sie ihren Abschluss an der renommierten Fotoschule »Centro de Estudios Fotográficos« in Palma, Mallorca. Seither arbeitet Petra Ender selbstständig als Fotografin und Bildredakteurin. Neben der Arbeit an eigenen Produktionen ist Petra Ender seit 2008 für den Gräfe und Unzer Verlag in München tätig. Ihre Schwerpunkte sind Portrait-, Veranstaltungs- und Werbefotografie. Mehr zu ihren Arbeiten finden Sie auf www.petraender.de

  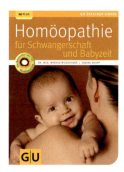

 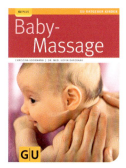 

DIE GU RATGEBER KINDER
Für Ihre Kinder nur das Beste

Sie tun viel für Ihre Kinder – wir tun alles, um Sie dabei zu unterstützen. Unsere Bücher sind geschrieben von **echten Experten** mit langjähriger Erfahrung: Sie bieten Ihnen **aktuelle und bewährte Methoden,** mit denen Sie Ihre Kinder **pflegen** und zärtlich verwöhnen, gesund erhalten und **fördern** können. Alle Übungen, Tipps und Anleitungen sind **mehrfach geprüft** und so geschrieben, dass jeder sie leicht nachvollziehen kann. Natürlich werden alle Inhalte immer auf dem **aktuellen Stand** gehalten.

Und jetzt neu:

→ **Der GU-Folder** bietet einen echten Zusatznutzen – als Poster, Einkaufshilfe oder praktische Übersicht.

→ **Die 10 GU-Erfolgstipps** vermitteln spezielles Praxis-Know-how aus dem reichen Erfahrungsschatz der Autoren, das den Ratgeber einzigartig macht.

GU PLUS

Impressum

© 2010 GRÄFE UND UNZER VERLAG GmbH, München

Alle Rechte vorbehalten. Nachdruck, auch auszugsweise, sowie Verbreitung durch Bild, Funk, Fernsehen und Internet, durch fotomechanische Wiedergabe, Tonträger und Datenverarbeitungssysteme jeder Art nur mit schriftlicher Genehmigung des Verlages.

Projektleitung: Nikola Hirmer, Silvia Herzog

Lektorat: Anna Cavelius, Schondorf

Layout: independent Medien-Design, Claudia Hautkappe, Horst Moser, München

Herstellung: Renate Hutt

Satz: Christopher Hammond

Reproduktion: Repro Ludwig, Zell am See

Druck: Firmengruppe APPL, aprinta Druck, Wemding

Bindung: Firmengruppe APPL, sellier druck, Freising

ISBN 978-3-8338-1984-1

1. Auflage 2011

Ein Unternehmen der GANSKE VERLAGSGRUPPE

Bildnachweis
Fotoproduktion: Petra Ender
Cover: Getty Images
Illustratorin: Nadine Schurr
Syndication: www.jalag-syndication.de

Umwelthinweis
Dieses Buch wurde auf chlorfrei gebleichtem Papier gedruckt. Um Rohstoffe zu sparen, haben wir auf Folienverpackung verzichtet.

Dank
Vielen Dank an Beate Michi, die uns aus ihrem reichhaltigen Programm für Babykurse mit vielen Spielideen versorgt hat.

Wichtiger Hinweis
Die Gedanken, Methoden und Anregungen in diesem Buch stellen die Meinung bzw. Erfahrung der Verfasser dar. Sie wurden von den Autorinnen nach bestem Wissen erstellt und mit größtmöglicher Sorgfalt geprüft. Sie bieten jedoch keinen Ersatz für persönlichen kompetenten medizinischen Rat. Jede Leserin, jeder Leser ist für das eigene Tun und Lassen auch weiterhin selbst verantwortlich. Weder Autorinnen noch Verlag können für eventuelle Nachteile oder Schäden, die aus den im Buch gegebenen praktischen Hinweisen resultieren, eine Haftung übernehmen.

Die GU-Homepage finden Sie im Internet unter www.gu.

Unsere Garantie

Alle Informationen in diesem Ratgeber sind sorgfältig und gewissenhaft geprüft. Sollte dennoch einmal ein Fehler enthalten sein, schicken Sie uns das Buch mit dem entsprechenden Hinweis an unseren Leserservice zurück. Wir tauschen Ihnen den GU-Ratgeber gegen einen anderen zum gleichen oder ähnlichen Thema um.

Liebe Leserin und lieber Leser,

wir freuen uns, dass Sie sich für ein GU-Buch entschieden haben. Mit Ihrem Kauf setzen Sie auf die Qualität, Kompetenz und Aktualität unserer Ratgeber. Dafür sagen wir Danke! Wir wollen als führender Ratgeberverlag noch besser werden. Daher ist uns Ihre Meinung wichtig. Bitte senden Sie uns Ihre Anregungen, Ihre Kritik oder Ihr Lob zu unseren Büchern. Haben Sie Fragen oder benötigen Sie weiteren Rat zum Thema? Wir freuen uns auf Ihre Nachricht!

Wir sind für Sie da!
Montag–Donnerstag: 8.00–18.00 Uhr;
Freitag: 8.00–16.00 Uhr
Tel.: 0180 · 5 00 50 54*
Fax: 0180 · 5 01 20 54*
E-Mail: leserservice@graefe-und-unzer.de

*(0,14 €/Min. aus dem dt. Festnetz/Mobilfunkpreise maximal 0,42 €/Min.)

P.S.: Wollen Sie noch mehr Aktuelles von GU wissen, dann abonnieren Sie doch unseren kostenlosen GU-Online-Newsletter und/oder unsere kostenlosen Kundenmagazine.

GRÄFE UND UNZER VERLAG
Leserservice
Postfach 86 03 13
81630 München